QPASS

원큐패스는 수험생들이 **한번에 합격**하기를 응원합니다.

공인중개사
빈출 기출문제

감동한 저

1차

부동산학개론

다락원

원큐패스 공인중개사 빈출 기출문제 1차 부동산학개론을 출간하면서

반복 출제되는 문제와 최근 출제경향을 파악하라!

〈원큐패스 공인중개사 빈출 기출문제 1차 부동산학개론〉은 출제된 문제 중에서 반복 출제되며 최근의 출제경향을 대표하는 지문들로 구성되어 있습니다. 어쩌다 출제되는 문제, 너무 지엽적인 문제 그리고 지나치게 난이도가 높은 문제와 지문들은 모두 배제했습니다. 이러한 문제들은 다시 출제될 가능성이 매우 낮을 뿐만 아니라 만약 출제되더라도 너무 많은 시간이 걸리거나 그 정답을 찾기 어려운 문제이기 때문입니다.

최소희생과 최대효과를 노려라!

최소희생과 최대효과라는 경제성의 원칙을 생각하게 됩니다. 많은 문제를 풀어야만 공인중개사 시험에 합격할 수 있을까요? 꼭 그렇다고 말할 수는 없을 것입니다. 공인중개사 시험은 자주 출제되고 출제 가능성이 가장 높은 필수문제들을 이해하고 반복한다면 합격할 수 있습니다.

1차 과목의 최고점은 100점이 아닌 80점이다!

수험생 여러분이 대비하시는 공인중개사 시험은 상대평가가 아닌 절대평가이며 고득점을 목표로 하는 시험이 아닙니다. 과락 40점 미만 없이 평균 60점 이상 득점하면 합격하는 시험입니다. 더군다나 공인중개사 1차 시험의 경우 '부동산학개론'과 '민법 및 민사특별법' 단 2과목뿐이어서 과목 당 80점이 최고점이 되는 시험이라고 생각하시면 됩니다.

예를 들어 어느 한 과목은 80점, 다른 한 과목은 40점을 득점하였다면 평균 60점이 되어 합격하게 됩니다. 따라서 두 과목 모두 40점 이상을 넘기면서 어느 한 과목을 만약 100점 맞았다고 하더라도 추가 득점한 20점은 전혀 의미가 없습니다. 결국 과목 당 40문제 중에서 8문제는 여러분의 합격에 아무런 영향을 미치지 않습니다.

선택과 집중!

〈원큐패스 공인중개사 빈출 기출문제 1차 부동산학개론〉을 선택하신 여러분의 판단이 옳습니다. 이 교재는 계속 반복 출제되는 최근의 출제경향을 대표할 수 있는 지문들을 거의 대부분 수록하여 10회분 400문제로 구성하였습니다. 또한 중복되는 문제는 최소화하였으며 특히 반복되는 유형의 문제는 변형된 형태로 학습할 수 있도록 집필하였기에 문제에 따른 선택과 집중을 하기에 최적화된 교재입니다.

반복이 살 길이다!

〈원큐패스 공인중개사 빈출 기출문제 1차 부동산학개론〉은 문제의 각 페이지마다 우측 공간을 적극 활용하여 옳은 지문을 따로 수록하였습니다. 이를 반복하여 읽으신다면 학습하신 중요내용이 여러분의 머릿속을 지배할 것이라고 봅니다.

정확한 논리와 이해를 위해 저자직강 무료동영상 강의를 적극 활용하라!

〈원큐패스 공인중개사 빈출 기출문제 1차 부동산학개론〉의 10회분 400문제에 대한 해설을 무료동영상 강의로 제공합니다. 시간이 부족한 직장인의 경우나 이동이 빈번한 수험생들께서는 동영상을 적극 활용하시길 권합니다.

〈원큐패스 공인중개사 빈출 기출문제 1차 부동산학개론〉을 이제 여러분께 드립니다. '선택과 집중'을 하십시오! '반복'만이 살길입니다! 그리고 그 결과는 '합격'일 것입니다. 여러분의 합격을 기원합니다.

저자 김동한

*복잡하고 전문적인 작업을 많이 필요로 하는 부동산학개론 〈원큐패스 공인중개사 빈출 기출문제 1차 부동산학개론〉 출간에 노력을 아끼지 않으신 편집부와 동영상 제작에 힘써주신 다락원 임직원 여러분들께 감사드립니다.

*최신기출문제는 다락원 홈페이지에 수록되어 있습니다.

공인중개사 시험요강

❶ 공인중개사 자격시험

부동산 중개업을 건전하게 지도, 육성하여 공정하고 투명한 부동산 거래질서를 확립함으로써 국민경제에 이바지함을 목적으로 한다.

※ 소관부처명 : 국토교통부(부동산산업과)

❷ 시험일정 (※원서접수시간은 원서접수 첫날 09:00부터 마지막 날 18:00까지임)

구분	접수기간	시험일정	의견제시기간	발표기간
2022년 33회 1차	2022.08.08 ~ 2022.08.12 빈자리추가접수기간 2022.10.13 ~ 2022.10.14	2022.10.29	2022.10.29 ~ 2022.11.04	2022.11.30 ~
2022년 33회 2차	2022.08.08 ~ 2022.08.12 빈자리추가접수기간 2022.10.13 ~ 2022.10.14	2022.10.29	2022.10.29 ~ 2022.11.04	2022.11.30 ~

❸ 응시자격

제한없음

단, 「공인중개사법 제4조3에 따라 시험부정행위로 처분 받은 날로부터 시험시행일 전일까지 5년이 경과되지 않은 자」, 「제6조에 따라 자격이 취소된 후 3년이 경과하지 않은 자」, 「시행규칙 제2조에 따른 기자격취득자」는 응시할 수 없음

※ 공인중개사 등록을 위한 결격사유는 별도로 정하고 있으며, 담당기관(관할 시,군,구)으로 문의바람.

❹ 응시수수료

1차 : 13,700원
2차 : 14,300원

❺ 시험과목 및 방법

구분	시험 과목	문항수	시험시간	시험방법
제1차 시험 1교시 (2과목)	1. 부동산학개론(부동산감정평가론 포함) 2. 민법 및 민사특별법 중 부동산 중개에 관련되는 규정	과목당 40문항 (1번~80번)	100분 (09:30~11:10)	객관식 5지선택형
제2차 시험 1교시 (2과목)	1. 공인중개사의 업무 및 부동산 거래신고 등에 관한 법령 및 중개실무 2. 부동산공법 중 부동산중개에 관련되는 규정	과목당 40문항 (1번~80번)	100분 (13:00~14:40)	
제2차 시험 2교시 (1과목)	1. 부동산공시에 관한 법령(부동산등기법, 공간정보의 구축 및 관리 등에 관한 법률) 및 부동산 관련 세법	40문항 (1번~40번)	50분 (15:30~16:20)	

※ 답안작성 시 법령이 필요한 경우는 시험시행일 현재 시행되고 있는 법령을 기준으로 작성

❻ 합격기준

1차시험 : 매 과목 100점을 만점으로 하여 매 과목 40점 이상, 전 과목 평균 60점 이상 득점한 자

2차시험 : 매 과목 100점을 만점으로 하여 매 과목 40점 이상, 전과목 평균 60점 이상 득점한 자

※ 제1차 시험에 불합격한 자의 제2차 시험에 대하여는 「공인중개사법」시행령 제5조제3항에 따라 이를 무효로 함.

❼ 취득방법

(1) **원서접수방법** : Q-net을 통해 하거나 공단 지역본부 및 지사에서 인터넷접수 도우미서비스를 제공받을 수
있음

　※ 내방 시 준비물 : 사진(3.5×4.5) 1매, 전자결재 수단(신용카드, 계좌이체, 가상계좌)

　※ 수험자는 응시원서에 반드시 본인 사진을 첨부하여야 하며, 타인의 사진 첨부 등으로 인하여 신분확인이 불가능할 경우
시험에 응시할 수 없음

(2) **자격증발급** : 응시원서 접수일 현재 주민등록상 주소지의 시, 도지사명의로 시, 도지사가 교부

　※ (사진(여권용 사진) 3.5×4.5cm 2매, 신분증, 도장 지참, 시·도별로 준비물이 다를 수 있음)

이 책의 특징

원큐패스 공인중개사 빈출 기출문제 1차 부동산학개론
모의고사식 빈출기출문제와 저자직강 무료 동영상 전회에 의한
동영상 반복학습으로 합격에 최적화된 교재

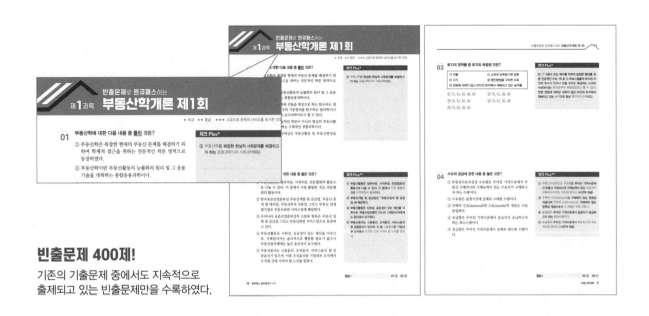

빈출문제 400제!

기존의 기출문제 중에서도 지속적으로
출제되고 있는 빈출문제만을 수록하였다.

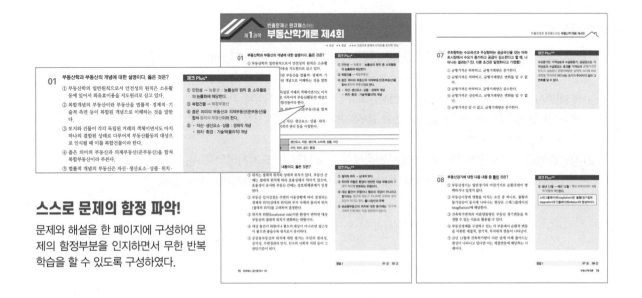

스스로 문제의 함정 파악!

문제와 해설을 한 페이지에 구성하여 문
제의 함정부분을 인지하면서 무한 반복
학습을 할 수 있도록 구성하였다.

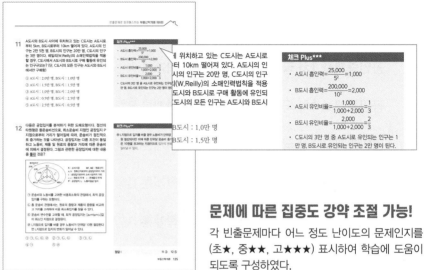

문제에 따른 집중도 강약 조절 가능!

각 빈출문제마다 어느 정도 난이도의 문제인지를 (초★, 중★★, 고★★★) 표시하여 학습에 도움이 되도록 구성하였다.

무료 동영상 무한 반복의 힘!

오랜 현장강의 노하우를 가지고 있는 저자직강 무료 동영상의 빈출기출 400문제를 반복학습한다면 합격에 한발 더 다가설 수 있다.

목차

공인중개사 1차
국가자격시험

교시	문제형별	시험과목	회차
1교시	A	① 부동산학개론	제1회

★ 초급 ★★ 중급 ★★★ 고급으로 문제의 난이도를 표시한 것임.

01 부동산학에 대한 다음 내용 중 <u>틀린</u> 것은?

① 부동산학은 복잡한 현대의 부동산 문제를 해결하기 위하여 학제적 접근을 취하는 전문적인 학문 영역으로 등장하였다.

② 부동산학이란 부동산활동의 능률화의 원리 및 그 응용기술을 개척하는 종합응용과학이다.

③ 부동산학은 토지와 건물을 대상으로 하는 탐구라는 점에서 우주와 지구의 기본원리를 탐구하는 물리학이나 지구과학과 같은 순수과학이라고 할 수 있다.

④ 부동산학은 추상적인 학문이 아니라 현실의 부동산활동을 대상으로 하는 구체적인 경험과학이다.

⑤ 부동산학의 연구대상은 부동산활동 및 부동산현상을 포함한다.

체크 Plus★

③ 부동산학은 복잡한 현실적 사회문제를 해결하고자 하는 응용과학이자 사회과학이다.

02 다음 부동산활동에 대한 내용 중 옳은 것은?

① 부동산활동은 정부부문, 사적부문, 전문협회의 활동으로 나눌 수 있다. 이 중에서 가장 활발한 것은 전문협회의 활동이다.

② 한국표준산업분류상 부동산개발 및 공급업, 부동산 중개 및 대리업, 부동산투자 자문업 그리고 부동산 감정평가업은 부동산관련 서비스업에 해당한다.

③ 우리나라 표준산업분류상의 소분류 항목은 부동산 임대 및 공급업 그리고 부동산관련 서비스업으로 분류하고 있다.

④ 부동산활동은 사회성, 공공성이 있는 재산을 다루므로, 거래당사자는 윤리적으로 행동할 필요가 없으나 부동산업자에게는 높은 윤리성이 요구된다.

⑤ 부동산윤리는 고용윤리, 조직윤리, 서비스윤리 및 공중윤리가 있으며, 이중 조직윤리란 기업내부 조직에서 조직원 간에 지켜야 할 도리를 말한다.

체크 Plus★★

① 부동산활동은 정부부문, 사적부문, 전문협회의 활동으로 나눌 수 있다. 이 중에서 가장 활발한 것은 사적부문의 활동이다.

② 부동산개발 및 공급업은 「부동산임대 및 공급업」에 해당한다.

④ 부동산활동은 사회성, 공공성이 있는 재산을 다루므로, 부동산업자뿐만 아니라 거래당사자에게도 윤리성이 요구된다.

⑤ 부동산윤리는 고용윤리, 조직윤리, 서비스윤리 및 공중윤리가 있으며, 이 중 고용윤리란 기업내부 조직에서 조직원 간에 지켜야 할 도리를 말한다.

정답 I   01 ③   02 ③

03 토지의 정착물 중 토지와 독립된 것은?

> ㉠ 건물　　　　　　　　㉡ 소유권 보존등기된 입목
> ㉢ 구거　　　　　　　　㉣ 명인방법을 구비한 수목
> ㉤ 권원에 의하지 않고 타인의 토지에서 재배되고 있는 농작물

① ㉠, ㉡, ㉢, ㉣, ㉤
② ㉠, ㉡, ㉣, ㉤
③ ㉠, ㉡, ㉢, ㉤
④ ㉠, ㉡, ㉢, ㉣
⑤ ㉠, ㉢, ㉣, ㉤

체크 Plus*

㉢ 구거(용수 또는 배수를 위하여 일정한 형태를 갖춘 인공적인 수로·둑 및 그 부속시설물의 부지와 자연의 유수가 있거나 있을 것으로 예상되는 소규모 수로부지)는 토지로부터 독립되었다고 볼 수 없다. 한편 권원에 의하던 의하지 않던 타인의 토지에서 재배되고 있는 농작물은 항상 경작자의 소유이다.

04 수요와 공급에 관한 내용 중 옳은 것은?

① 부동산수요곡선상 수요량은 주어진 가격수준에서 부동산 구매의사와 구매능력이 있는 수요자가 구매하고자 하는 수량이다.

② 수요량은 일정기간에 실제로 구매한 수량이다.

③ 주택의 수요(demand)와 소요(needs)의 개념은 서로 동일하다.

④ 공급량은 주어진 가격수준에서 공급자가 공급하고자 하는 최소수량이다.

⑤ 공급량은 주어진 가격수준에서 실제로 매도한 수량이다.

체크 Plus**

① 부동산수요곡선상 수요량은 주어진 가격수준에서 부동산 구매의사와 구매능력이 있는 수요자가 구매하고자 하는 의도된 양이다. (사전적 개념)

③ 주택의 수요(demand)는 구매력이 있는 경제상 개념이며 주택의 소요(needs)는 구매력이 없는 정책상 개념으로서 그 개념은 서로 다르다.

④ 공급량은 주어진 가격수준에서 공급자가 공급하고자 하는 최대수량이다.

⑤ 공급량은 주어진 가격수준에서 매도하고자 하는 의도된 양이다. (사전적 개념)

05 수요와 공급에 관한 내용 중 틀린 것은?

① 아파트 가격 변화는 아파트 매매시장에서 수요변화를 가져오는 요인이다.

② 주택임대료가 상승하면 다른 재화의 가격이 상대적으로 하락하여 임대수요량이 감소하는 것은 대체효과에 대한 설명이다.

③ 수요곡선의 이동으로 인해 수요량이 변하는 경우에 이를 부동산수요의 변화라고 한다.

④ 해당 부동산 가격 변화에 의한 공급량의 변화는 다른 조건이 불변일 때 동일한 공급곡선상에서 점의 이동으로 나타난다.

⑤ 다른 조건이 일정하다면 지역지구제와 같은 부동산정책을 통해서 부동산의 공급을 조절할 수 있다.

06 다음 부동산공급에 대한 내용 중 틀린 것은?

① 다른 조건이 일정하다면 노동자임금이나 시멘트가격과 같은 생산요소가격의 하락은 부동산 공급을 증가시키는 요인이 된다.

② 주택의 공급규모가 커지면, 규모의 경제로 인해 생산단가가 낮아져 건설비용을 절감할 수 있다.

③ 다른 조건이 일정하다면 부동산의 물리적인 공급량은 단기적으로 한정되어 있어 비탄력적이라고 할 수 있다.

④ 다른 조건이 일정하다면 기준금리의 하락은 이자비용을 감소시켜 부동산공급자의 수익을 증가시키는 요인이 된다.

⑤ 다른 조건은 동일할 때 토지는 용도의 다양성으로 인해 우하향하는 공급곡선을 가진다.

정답 I   05 ①   06 ⑤

07 부동산수요의 가격탄력성에 대한 내용 중 **틀린** 것은? (단, 수요의 가격탄력성은 절대값을 의미하며, 다른 조건은 동일함)

① 다른 조건은 불변이라고 가정할 때 부동산 수요의 가격탄력성은 대체재의 존재유무에 따라 달라질 수 있다.

② 일반적으로 부동산 수요의 가격탄력성은 단기에서 장기로 갈수록 더 비탄력적이다.

③ 다른 조건은 불변이라고 가정할 때 부동산 수요의 가격탄력성은 부동산을 지역별·용도별로 세분할 경우 달라질 수 있다.

④ 다른 조건은 일정할 때 수요의 가격탄력성이 1보다 큰 경우 임대료가 상승하면, 임대업자의 임대료 수입은 감소한다.

⑤ 임대주택 수요의 가격탄력성이 1인 경우 임대주택의 임대료가 하락하더라도 전체 임대료 수입은 변하지 않는다.

체크 Plus★★

② 일반적으로 부동산 수요의 가격탄력성은 단기에서 장기로 갈수록 더 탄력적이다. 장기가 될수록 수요자가 선택하고자 하는 대체재를 더 많이 발견할 수 있게 된다.

⊕PLUS

- **세분화할수록** 동질성이 커져 마치 대체재가 많은 것 같아 이전보다 **탄력적으로 관찰된다.**
- 수요의 가격탄력성이 **탄력적**이면 **저가(인하)정책,** 비탄력적이면 **고가(인상)정책**이 **수입을 증가**시킨다. 그런데 수요의 가격탄력성이 탄력적임에도 불구하고 임대료를 상승시켰으므로 오히려 수입은 감소할 것이다.
- 임대주택 **수요의 가격탄력성이 1인 경우** 임대료가 하락하더라도 가격하락에 따른 수입의 감소효과와 수요량의 증가에 따른 수입의 증가효과가 서로 상쇄되어 전체 **임대료 수입은** 변하지 않는다.

08 부동산경기에 대한 내용 중 **틀린** 것은?

① 부동산경기도 일반경기와 마찬가지로 회복국면, 상향국면, 후퇴국면, 하향국면 등의 순환적 경기변동을 나타낸다.

② 부동산 경기변동이란 부동산시장이 일반경기변동처럼 상승과 하강 국면이 반복되는 현상을 말한다.

③ 부동산경기는 일반경기와 비교하여 팽창국면과 위축국면 간의 차이가 큰 특징을 갖는 경향이 있다.

④ 부동산 경기변동은 일반경기변동에 비해 저점이 깊고 정점이 높은 경향이 있다.

⑤ 부동산경기는 일반경기와 같이 일정한 주기와 동일한 진폭으로 규칙적이고 안정적으로 반복되며 순환된다.

체크 Plus★

⑤ 부동산경기는 일반경기에서도 그러하듯이 그 순환국면이 명백하거나 일정치 않다.

정답 Ⅰ 07 ② 08 ⑤

09 부동산시장에 대한 내용 중 옳은 것은?

① 부동산은 대체가 불가능한 재화이기에 부동산시장에서 공매(short selling)가 빈번하게 발생한다.

② 부동산시장은 거래를 비공개하는 기능이 있다. 이러한 비공개는 정보수집을 어렵게 한다.

③ 부동산시장은 국지성의 특징이 있기 때문에 균질적인 가격형성이 가능하다.

④ 부동산시장에서는 수요와 공급의 불균형으로 인해 단기적으로 가격형성이 왜곡될 가능성이 있다.

⑤ 부동산시장의 특징 중 하나는 특정 지역에 다수의 판매자와 다수의 구매자가 존재한다는 것이다.

체크 Plus★★

① 부동산은 개별성으로 인해 대체가 불가능하여 부동산시장에서 공매(short selling)가 어렵다.

② 거래의 비공개성은 「부동산시장의 기능」이 아닌 「부동산시장의 특성」이다.

③ 부동산시장은 국지성의 특징이 있기 때문에 상이한 가격이 형성되는 경향이 있다.

⑤ 다수의 판매자와 다수의 구매자 → 소수의 판매자와 소수의 구매자 : 부동산시장의 특징 중 하나는 특정 지역에 소수의 판매자와 소수의 구매자가 존재한다는 것이다.

⊕PLUS

• 공매(空賣:short selling)란 실물 없이 주식 등을 파는 행위를 의미한다.

• 주식 등을 가지고 있지 않거나 혹은 가지고 있더라도 실제로 이를 상대방에게 인도할 의사 없이 증권회사 등에 일정률의 증거금만 지급하고 지금 팔았다가 일정 기간이 지난 후에 동일한 주식 등을 다시 사들여 상환하거나 보전하는 것으로서, 지금보다 일정 기간이 지난 후 주식 등의 가격이 하락한다면 그 차액만큼 이득을 얻을 수 있다.

• 즉, 없는 물건을 비쌀 때 팔고 동일 물건을 쌀 때 사들여 그 차익을 얻는 형태이다. 따라서 **부동산**은 개별성으로 인해 **동일 물건을 확보**하기 **어려워** 공매(short selling)가 어렵다.

10 주택여과과정에 대한 내용 중 틀린 것은?

① 부동산시장은 공간과 위치가 공급을 통해 수요자에게 분배하는 기능을 한다.

② 주택의 여과과정은 시간이 경과하면서 주택의 질과 주택에 거주하는 가구의 소득이 변화함에 따라 발생하는 현상이다.

③ 주택의 여과과정이 원활하게 작동하는 주택시장에서 주택여과효과가 긍정적으로 작동하더라도 주거의 질을 개선하는 효과가 거의 없다.

④ 공가(空家)의 발생은 주택여과과정의 중요한 구성요소 중 하나이다.

⑤ 주택의 여과효과(filtering effect)를 주택순환과정이라고도 부른다.

체크 Plus★

③ 주택의 여과과정이 원활하게 작동하는 주택시장에서 주택여과효과가 긍정적으로 작동하면 주거의 질을 개선하는 효과가 있다.

11 효율적 시장에 대한 내용 중 <u>틀린</u> 것은?

① 효율적 시장은 본질적으로 제품의 동질성과 상호 간의 대체성이 있는 시장이다.

② 효율적 시장은 어떤 정보를 지체 없이 가치에 반영하는가에 따라 구분될 수 있다.

③ 약성 효율적 시장에서는 현재가치에 대한 과거의 역사적 자료를 분석하여 정상이윤을 초과하는 이윤을 획득할 수 있다.

④ 만약 부동산시장이 준강성 효율적 시장이라면 새로운 정보는 공개되는 즉시 시장에 반영된다.

⑤ 강성 효율적 시장은 완전경쟁시장의 가정에 가장 근접하게 부합되는 시장이다.

체크 Plus★★

③ 약성 효율적 시장에서는 현재가치에 대한 과거의 역사적 자료를 분석하여 정상이윤을 초과하는 이윤을 획득할 수 없다.

12 상업입지이론에 대한 내용 중 <u>틀린</u> 것은?

① 크리스탈러(W. Christaller)의 중심지이론 공간적 중심지 규모의 크기에 따라 상권의 규모가 달라진다는 것을 실증하였다.

② 크리스탈러(W. Christaller)는 재화와 서비스에 따라 중심지가 계층화되며 서로 다른 크기의 도달범위와 최소요구범위를 가진다고 보았다.

③ 재화의 도달범위란 중심지 활동이 제공되는 공간적 한계로 중심지로부터 어느 기능에 대한 수요가 '1'이 되는 지점까지의 거리를 의미한다.

④ 레일리(W. J. Reilly)의 소매인력법칙에 따르면, 2개 도시의 상거래 흡인력은 두 도시의 인구에 비례하고, 두 도시의 분기점으로부터 거리의 제곱에 반비례한다.

⑤ 중력모형(gravity model)은 중심지의 형성과정보다 중심지 간의 상호작용에 더 초점을 두고 있다.

체크 Plus★

③ 재화의 도달범위란 중심지 활동이 제공되는 공간적 한계로 중심지로부터 어느 기능에 대한 수요가 '0'이 되는 지점까지의 거리를 의미한다.

13 A, B도시 사이에 C도시가 위치한다. 레일리(W.Reilly)의 소매인력법칙을 적용할 경우, C도시에서 A, B도시로 구매활동에 유인되는 인구규모는? (단, C도시의 인구는 모두 구매자이고, A, B도시에서만 구매하는 것으로 가정하며, 주어진 조건에 한함)

- A도시 인구 수 : 500,000명
- B도시 인구 수 : 250,000명
- C도시 인구 수 : 60,000명
- C도시와 A도시 간의 거리 : 10km
- C도시와 B도시 간의 거리 : 5km

① A도시 : 5,000명   B도시 : 55,000명

② A도시 : 10,000명   B도시 : 50,000명

③ A도시 : 20,000명   B도시 : 40,000명

④ A도시 : 30,000명   B도시 : 30,000명

⑤ A도시 : 40,000명   B도시 : 20,000명

14 부동산문제에 대한 내용 중 옳은 것은?

① 주택문제는 국가별 또는 시대별로 동일하게 나타난다.

② 주택보급률이 100%를 넘게 되면 시장효율성과 형평성이 달성되므로 정부가 주택시장에 개입하지 않는다.

③ 소득대비 주택가격 비율(PIR)과 소득대비 임대료비율(RIR)은 주택시장에서 가구의 지불능력 또는 주거비 부담정도를 측정하는 지표이다.

④ 부동산시장에서 정보가 불안전하더라도 자원배분의 효율성이 달성된다.

⑤ 공공재의 공급을 사적 시장에 맡기면 사회에서 필요한 양만큼 충분히 생산된다.

15 외부효과에 대한 내용 중 틀린 것은?

① 외부효과란 한 사람의 행위가 제3자의 경제적 후생에 영향을 미치지만, 그에 대한 보상이 이루어지지 않는 현상을 말한다.

② 정(+)의 외부효과의 경우 비용을 지불하지 않은 사람도 발생되는 이익을 누릴 수 있다.

③ 인근지역에 대규모 생태공원이 들어서면 아파트 시장에 정(+)의 외부효과가 발생할 것이다.

④ 정(+)의 외부효과가 발생하면 님비(NIMBY)현상이 발생한다.

⑤ 매연을 배출하는 석탄공장에 대한 규제가 전혀 없다면, 그 주변 주민들에게 부(−)의 외부효과가 발생하게 된다.

체크 Plus★★

④ 정(+)의 외부효과가 발생하면 핌피(PIMFY)현상이 발생한다.

⊕PLUS

정(+)의 외부효과(외부경제)	핌피(PIMFY)와 같은 사회적 현상이 생기는 대상, 「Please In My Front Yard! (우리 집 앞마당으로!)」 → 개발유치현상이 나타남
부(−)의 외부효과(외부불경제)	님비(NIMBY)와 같은 사회적 현상이 생기는 대상, 「Not In My Back Yard! (우리 집 뒷마당에 둘 수 없다!)」 → 개발기피현상이 나타남

16 정부의 부동산시장에 대한 직접적 개입수단은 모두 몇 개인가?

• 공공토지비축제도	• 취득세
• 종합부동산세	• 토지수용과 공영개발
• 개발부담금	• 공공임대주택공급
• 대부비율(LTV)	

① 2개   ② 3개

③ 4개   ④ 5개

⑤ 6개

체크 Plus★★

공공토지비축제도, 토지수용과 공영개발, 공공임대주택공급 정책은 정부의 '직접적 개입'수단에 해당한다.

17 임대료 규제에 대한 내용 중 틀린 것은?

① 정부가 임대료 상승을 균형가격 이하로 규제하면 장기적으로 기존 임대주택이 다른 용도로 전환되면서 임대주택의 공급량이 감소하게 된다.

② 임대료상한제의 실시는 임대주택에 대한 초과공급을 발생시킨다.

③ 시장균형가격보다 낮은 수준으로 임대료를 규제하면 저소득층 임차인들의 주거환경이 악화될 수 있다.

④ 주택임대차 계약 갱신 시 임대료의 상승률에 대한 규제는 기존 임차인들의 주거이동을 저하시킬 수 있다.

⑤ 규제임대료가 시장균형임대료보다 낮은 임대료규제 정책은 임대료에 대한 이중가격을 형성할 수 있다.

체크 Plus★★

② 시장임대료보다 낮은 임대료상한제의 실시는 임대주택에 대한 초과수요를 발생시킨다.

18 부동산조세에 대한 내용 중 틀린 것은?

① 조세부과는 수요자와 공급자 모두에게 세금을 부담하게 하나, 상대적으로 가격탄력성이 낮은 쪽이 세금을 더 많이 부담하게 된다.

② 공공임대주택의 공급확대정책은 임대주택의 재산세가 임차인에게 전가되는 현상을 완화시킬 수 있다.

③ 토지의 공급은 비탄력적이기 때문에, 토지에 대한 보유세는 자원배분 왜곡이 큰 비효율적인 세금이다.

④ 헨리 조지(H. George)는 토지세를 제외한 다른 모든 조세를 없애고 정부의 재정은 토지세만 충당하는 토지 단일세를 주장하였다.

⑤ 우하향하는 수요곡선을 가정할 때, 토지공급의 가격탄력성이 '0'인 경우 부동산조세 부과 시 토지소유자가 전부 부담하게 된다.

체크 Plus★★

③ 토지에 대한 보유세는 자원배분 왜곡이 작은 효율적인 세금이다.

⊕ PLUS

• 토지의 공급은 비탄력적이기 때문에 조세부과에 따른 **공급량 감소효과가 적게** 나타난다.

• **토지의 물리적 공급곡선**은 완전비탄력적인 **수직선** 형태이므로 공급량 감소효과는 존재하지 않고 자원배분이 왜곡되는 비효율성은 발생하지 않는다.

19 부동산투자의 위험에 대한 내용 중 <u>틀린</u> 것은?

① 부동산투자에서 예상한 결과와 실현된 결과가 달라질 가능성을 위험이라고 한다.

② 사업위험은 사업을 영위하면서 발생하는 수익성에 관한 위험이다.

③ 위치적 위험(locational risk)이란 환경이 변하면 대상 부동산의 상대적 위치가 변화하는 위험이다.

④ 투자금액을 모두 자기자본으로 조달할 경우 금융 위험(financial risk)을 제거할 수 있다.

⑤ 유동성 위험은 부동산개발기간 동안 나타날 수 있는 개발비용의 변동가능성 때문에 발생한다.

체크 Plus★★

⑤ 유동성 위험(liquidity risk)은 투자부동산을 현금으로 전환하는 과정에서 발생하는 시장가치의 손실가능성이다.

⊕PLUS

사업위험에는 시장위험, 운영위험, 위치적 위험이 있다.

20 부동산투자의 위험에 대한 내용 중 옳은 것은?

① 부동산은 다른 자산에 비하여 유동성이 낮은 자산으로 사업추진에 있어 자금조달능력의 사전검증을 위해 투자분석이 필요하다.

② 유동성 위험(liquidity risk)이란 현금을 투자부동산으로 전환하는 과정에서 발생하는 시장가치의 손실가능성을 의미한다.

③ 부채비율이 50%, 총자본수익률(또는 종합수익률)이 10%, 저당수익률이 8%라면 자기자본수익률은 12%이다.

④ 부(−)의 레버리지효과가 발생할 경우 부채비율을 낮추어서 정(+)의 레버리지효과로 전환할 수 있다.

⑤ 총자본수익률과 저당수익률이 동일한 경우에도 부채비율의 변화는 자기자본수익률에 영향을 미칠 수 있다.

체크 Plus★★★

② 유동성 위험(liquidity risk)이란 투자부동산을 현금으로 전환하는 과정에서 발생하는 시장가치의 손실가능성을 의미한다.

③ 자기자본수익률=총자본수익률+(총자본수익률 − 저당수익률)×부채비율=10%+(10%−8%)×50%=10%+2%×50%=10%+1%=11%

④ 부(−)의 레버리지효과가 발생할 경우 부채비율을 낮추어 부채비율이 0이 되더라도 정(+)의 지렛대효과는 발생하지 않는다. 총자본수익률이 저당수익률보다 크지 않은 한 정(+)의 지렛대효과는 생길 수 없기 때문이다.

⑤ 총자본수익률과 저당수익률이 동일한 경우라면 자기자본수익률=총자본수익률+(총자본수익률 − 저당수익률)×부채비율, 자기자본수익률=총자본수익률+0×부채비율=총자본수익률이 되어서 영향을 미치지 못한다.

21 가상적인 아파트 투자사업에 대해 미래의 경제환경 조건에 따라 추정된 수익률의 예상치가 아래와 같다고 가정할 때 기대수익률은? (단, 다른 조건은 동일함)

경제환경변수	발생확률(%)	수익률(%)
비관적	10	2.0
정상적	80	8.0
낙관적	10	12.0

① 5.8%　　　　② 6.0%

③ 6.7%　　　　④ 7.8%

⑤ 8.8%

체크 Plus★★★

$0.1 \times 2.0\% + 0.8 \times 8.0\% + 0.1 \times 12.0\%$
$= 0.2\% + 6.4\% + 1.2\% = 7.8\%$

22 수익률에 대한 내용 중 틀린 것은?

① 기대수익률이 요구수익률보다 작은 경우 투자안이 채택된다.

② 투자자의 요구수익률은 위험이 증대됨에 따라 아울러 상승한다.

③ 투자가치는 투자자가 대상부동산에 대해 갖는 주관적인 가치의 개념이다.

④ 내부수익률이 요구수익률보다 작은 경우에는 투자가치가 없다고 할 수 있다.

⑤ 수익성지수가 1보다 큰 투자안은 투자가치가 있다고 할 수 있다.

체크 Plus★

① 기대수익률이 요구수익률보다 큰 경우 투자안이 채택된다.

정답 I　　　　21 ④　22 ①

23 포트폴리오에 대한 내용 중 옳은 것은?

① 포트폴리오에 편입되는 투자자산 수를 늘림으로써 체계적 위험을 줄여나갈 수 있으며, 그 결과로 총 위험은 줄어들게 된다.

② 두 자산으로 포트폴리오를 구성할 경우, 포트폴리오에 포함된 개별자산의 수익률 간 상관계수가 1인 경우에는 분산투자효과가 없다.

③ 투자자가 위험을 회피할수록 위험(표준편차, X축)과 기대수익률(Y축)의 관계를 나타낸 투자자의 무차별곡선의 기울기는 완만해진다.

④ 포트폴리오 전략에서 구성 자산 간에 수익률이 같은 방향으로 움직일 경우 위험감소의 효과가 크다.

⑤ 투자자산 간의 상관계수가 0보다 크지만 1보다 작을 경우, 포트폴리오 구성을 통한 위험절감 효과가 나타나지 않는다.

체크 Plus★★

① 포트폴리오에 편입되는 투자자산 수를 늘림으로써 비체계적 위험을 줄여나갈 수 있으며, 그 결과로 총 위험은 줄어들게 된다.

③ 투자자가 위험을 회피할수록 위험(표준편차, X축)과 기대수익률(Y축)의 관계를 나타낸 투자자의 무차별곡선의 기울기는 가팔라진다.

④ 포트폴리오 전략에서 구성 자산 간에 수익률이 반대 방향으로 움직일 경우 위험감소의 효과가 크다.

⑤ 투자자산 간의 상관계수가 1만 아니라면, 포트폴리오 구성을 통한 위험절감 효과가 나타난다.

24 화폐의 시간가치에 대한 내용 중 옳은 것은?

① 원리금균등상환 방식으로 주택저당대출을 받은 경우, 저당대출의 매 기 원리금 상환액을 계산하려면, 연금의 미래가치계수를 활용할 수 있다.

② 매월 말 50만원씩 5년간 들어올 것으로 예상되는 임대료 수입의 현재가치를 계산하려면, 저당상수(월 기준)의 역수를 활용할 수 있다.

③ 연금의 미래가치계수는 연금의 현재가치계수의 역수이다.

④ 감채기금계수는 저당상수의 역수이다.

⑤ 연금의 현재가치계수는 일시불의 미래가치계수의 역수이다.

체크 Plus★★

① 연금의 미래가치계수 → 저당상수

③ 연금의 미래가치계수는 감채기금계수의 역수이다.

④ 감채기금계수는 연금의 미래가치계수의 역수이다.

⑤ 연금의 현재가치계수는 저당상수의 역수이다.

정답 | 23 ② 24 ②

25

투자분석기법에 대한 내용 중 틀린 것은?

① 순현재가치(NPV)가 0인 단일 투자안의 경우, 수익성지수(PI)는 1이 된다.

② 수익성지수(PI)가 0보다 크면 투자타당성이 있다고 판단한다.

③ 부동산 투자자는 투자성향이나 투자목적에 따라 타당성분석기법에서 도출된 값에 대해 서로 다른 판단을 내릴 수 있다.

④ 내부수익률(IRR)이란 투자로부터 기대되는 현금유입의 현재가치와 현금유출의 현재가치를 같게 하는 할인율이다.

⑤ 내부수익률이 요구수익률보다 작은 경우에는 투자가치가 없다고 할 수 있다.

26

부동산금융의 자금조달 방식 중 지분금융(equity financing)에 해당하는 것을 모두 고른 것은?

> ㉠ 부동산투자회사(REITs)
> ㉡ 자산담보부기업어음(ABCP)
> ㉢ 공모(public offering)에 의한 증자
> ㉣ 프로젝트 금융
> ㉤ 부동산신디케이트(Syndicate)

① ㉠, ㉡, ㉢
② ㉡, ㉢, ㉣
③ ㉢, ㉣, ㉤
④ ㉣, ㉤, ㉠
⑤ ㉠, ㉢, ㉤

정답 ┃   25 ② 26 ⑤

27 부동산금융에 따른 이자에 대한 내용이다. 옳은 것은?

① 주택담보 대출금리가 하락하면 정상재인 주택의 수요는 줄어든다.

② 연간 이자율이 같은 1년 만기 대출의 경우 대출자는 기말에 한 번 이자를 받는 것이 기간 중 4회 나누어 받는 것보다 유리하다.

③ 정부가 대출상환액 중 이자비용에 대한 소득공제한도를 감소시킨 경우는 주택저당대출 시 금융기관이 대출금리를 인상시킬 수 있는 요인이다.

④ 잔금비율과 상환비율의 합은 '0'이 된다.

⑤ 차입자의 취업상태 불안정, 차입자의 과거 대출에 대한 연체실적이 많은 경우는 주택저당대출 시 금융기관이 대출금리를 인상시킬 수 있는 요인이다.

체크 Plus★★

① 주택담보 대출금리가 하락하면 정상재인 주택의 수요는 늘어난다.

② 연간 이자율이 같은 1년 만기 대출의 경우 대출자는 기간 중 4회 나누어 받는 것이 기말에 한 번 이자를 받는 것보다 유리하다.

③ 이는 대출에 따른 대출기관의 위험이 증가하는 경우가 아닌 차입자 자신의 위험이 증가하는 경우에 해당하여 금융기관이 대출금리를 인상시킬 수 있는 직접적 요인이라고 볼 수는 없다.

④ 잔금비율과 상환비율의 합은 '1'이 된다.

⊕PLUS

• 유효이자율의 차이 : 1년 만기 동일한 이자율조건 일지라도 분기별(3개월) 지급조건이냐 기말(12개월) 지급조건이냐에 따라 유효이자율(effective interest rate)은 다르다.

• 1원을 연리 12%로 대출한 경우

 – 분기별 조건이면 유효이자율이 $(1+0.03)^4-1=0.1255$ 즉 12.55%

 – 기말조건이면 12%

28 다음 자료를 이용하여 대상부동산의 대부비율(loan-to-value ratio)을 구하시오. (단, 소수점 이하는 절사한다)

• 매매가격 : 4억 원

• 순영업소득 : 0.2억 원

• 부채감당률 : 1.4

• 대출조건 : 저당상수(8%, 20년) = 0.102(연 1회 원리금 균등 분할상환)

① 15% ② 25%

③ 35% ④ 45%

⑤ 55%

체크 Plus★★★

• 대출총액 $= \dfrac{\text{순영업소득}}{\text{부채감당률} \times \text{저당상수}}$

 $= \dfrac{0.2억 원}{1.4 \times 0.102} = 1.4억 원$

• 대부비율 $= \dfrac{1.4억 원}{4억 원} = 0.35(35\%)$

29 80,000,000원의 기존 주택담보대출이 있는 甲은 A은행에서 추가로 주택담보대출을 받고자 한다. A은행의 대출승인기준이 다음과 같을 때, 甲이 추가로 대출 가능한 최대금액은? (단, 문제에서 제시한 것 외의 기타 조건은 고려하지 않음)

- 甲 소유주택의 담보평가가격 : 500,000,000원
- 甲의 연간소득 : 50,000,000원
- 연간저당상수 : 0.1
- 대출승인기준 : 담보인정비율(LTV) : 70%
  소득대비 부채비율(DTI) : 50%
※ 두 가지 대출승인기준을 모두 충족시켜야 함

① 1.5억 원 ② 1.7억 원
③ 1.9억 원 ④ 2.1억 원
⑤ 2.5억 원

30 다음 [그림 1]은 주택저당대출 원리금지급액의 추이를, [그림 2]는 주택저당대출 대출잔액의 추이를 표시한 것이다. (㉠)과 (㉡)에 해당되는 주택저당대출의 상환방식은?

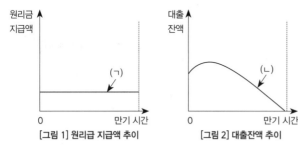

[그림 1] 원리급 지급액 추이   [그림 2] 대출잔액 추이

① ㉠ 원금균등상환   ㉡ 원리금균등상환
② ㉠ 원리금균등상환   ㉡ 체증식(점증식)상환
③ ㉠ 원리금균등상환   ㉡ 원리금균등상환
④ ㉠ 체증식(점증식)상환   ㉡ 원리금균등상환
⑤ ㉠ 체증식(점증식)상환   ㉡ 원금균등상환

31 부동산개발에 대한 내용 중 **틀린** 것은?

① 부동산개발이란 타인에게 공급할 목적으로 토지를 조성하거나 건축물을 건축, 공작물을 설치하는 행위로 조성·건축·대수선·리모델링·용도변경 또는 설치되거나 될 예정인 부동산을 공급하는 것을 말한다.

② 공공개발이란 제2섹터 개발이라고도 하며, 민간이 자본과 기술을 제공하고 공공기관이 인·허가 등 행정적인 부분을 담당하는 상호 보완적인 개발을 말한다.

③ 예비적 타당성분석은 개발사업으로 예상되는 수입과 비용을 개략적으로 계산하여 수익성을 검토하는 것이다.

④ 혼용방식은 환지방식과 매수방식을 혼합한 방식으로 도시개발사업, 산업단지개발사업 등에 사용한다.

⑤ 공영개발방식은 외부효과 등으로 인한 부동산 시장실패를 보전하고, 토지의 계획적 이용을 통해 토지이용의 효율성을 제고할 수 있다.

체크 Plus**

② 정부와 민간이 상호보완적으로 개발주체가 되는 것은 공사혼합이며 제3섹터 개발이라 한다.

32 부동산개발이 다음과 같이 5단계만 진행된다고 가정할 때, 일반적인 진행 순서로 적절한 것은?

㉠ 사업부지 확보	㉡ 예비적 타당성 분석
㉢ 사업구상(아이디어)	㉣ 사업 타당성 분석
㉤ 건설	

① ㉠ → ㉣ → ㉤ → ㉢ → ㉡
② ㉡ → ㉠ → ㉢ → ㉣ → ㉤
③ ㉢ → ㉡ → ㉠ → ㉣ → ㉤
④ ㉠ → ㉣ → ㉢ → ㉡ → ㉤
⑤ ㉣ → ㉤ → ㉢ → ㉡ → ㉠

체크 Plus*

㉢ 사업구상(아이디어) → ㉡ 예비적 타당성 분석 → ㉠ 사업부지 확보 → ㉣ 사업 타당성 분석 → ㉤ 건설

33 각 도시의 산업별 고용자 수가 다음과 같을 때 X산업의 입지계수(locational quotient)가 1을 초과하지 않은 도시를 모두 고른 것은? (단, 주어진 조건에 한함)

(단위 : 명)

구분	A도시	B도시	C도시	D도시	전국
X산업	500	1,100	700	1,200	3,500
Y산업	700	900	600	1,100	3,300
합 계	1,200	2,000	1,300	2,300	6,800

① A
② B
③ C, D
④ B, C
⑤ A, D

체크 Plus★★★

· A만이 1을 초과하지 않는다.

· A도시 : $\dfrac{\frac{500}{1,200}}{\frac{3,500}{6,800}} = \dfrac{500 \times 6,800}{1,200 \times 3,500} = 0.809$

· B도시 : $\dfrac{\frac{1,100}{2,000}}{\frac{3,500}{6,800}} = \dfrac{1,100 \times 6,800}{2,000 \times 3,500} = 1.068$

· C도시 : $\dfrac{\frac{700}{1,300}}{\frac{3,500}{6,800}} = \dfrac{700 \times 6,800}{1,300 \times 3,500} = 1.046$

· D도시 : $\dfrac{\frac{1,200}{2,300}}{\frac{3,500}{6,800}} = \dfrac{1,200 \times 6,800}{2,300 \times 3,500} = 1.013$

34 시장분석과 타당성분석에 대한 내용 중 틀린 것은?

① 시장성분석은 부동산이 현재나 미래의 시장상황에서 매매 또는 임대될 수 있는 가능성을 조사하는 것이다.

② 공실률분석은 투자 부동산의 안정적인 점유율 결정에 도움을 준다.

③ 다른 조건이 동일하다면 임대차 기간이 긴 경우에 비해 임대차 기간이 짧은 경우가 상대적으로 공실위험을 줄일 수 있다.

④ 타당성분석에서는 개발사업에 투자자금을 끌어들일 수 있을 정도로 충분한 수익이 발생하는지 분석한다.

⑤ 개발사업에 대한 타당성분석 결과가 동일한 경우에도 분석된 사업안은 개발업자에 따라 채택될 수도 있고, 그렇지 않을 수도 있다.

체크 Plus★★

③ 다른 조건이 동일하다면 임대차 기간이 긴 경우에 비해 임대차 기간이 짧은 경우가 상대적으로 공실위험이 커진다. 잦은 임대차계약 체결과 갱신은 임차인을 제때 확보하지 못할 가능성이 상대적으로 높아서 공실위험이 커진다.

정답 I

33 ①   34 ③

35 감정평가에 대한 내용 중 **틀린** 것은?

① "감정평가"라 함은 토지 등의 경제적 가치를 판정하여 그 결과를 가액으로 표시하는 것을 말한다.

② 감정평가의 특별원칙이란 능률성의 원칙, 안전성의 원칙, 전달성의 원칙 등이 있다.

③ 기준시점은 대상물건의 가격조사를 개시한 날짜로 한다. 다만, 기준시점을 미리 정하였을 때에는 그 날짜에 가격 조사가 가능한 경우에만 기준시점으로 할 수 있다.

④ 둘 이상의 대상물건이 일체로 거래되거나 대상물건 상호 간에 용도상 불가분의 관계가 있는 경우에는 일괄하여 감정평가할 수 있다.

⑤ 하나의 대상물건이라도 가치를 달리하는 부분을 이를 구분하여 감정평가할 수 있다.

체크 Plus★

③ 기준시점은 대상물건의 가격조사를 완료한 날짜로 한다.

36 부동산가치에 대한 내용 중 **틀린** 것은?

① 시장가치란 한정된 시장에서 성립될 가능성이 있는 대상물건의 최고가액을 말한다.

② 감정평가법인 등은 감정평가 의뢰인이 요청하는 경우에는 대상물건의 감정평가액을 시장가치 외의 가치를 기준으로 결정할 수 있다.

③ 가치형성요인이란 대상물건의 경제적 가치에 영향을 미치는 일반요인, 지역요인 및 개별요인 등을 말한다.

④ 개별요인은 당해 토지의 가치형성에 영향을 미치는 개별적인 상태, 조건 등의 제반요인을 말한다.

⑤ 부동산가치(value)는 희소성, 유효수요, 효용 등의 요인이 결합하여 발생한다.

체크 Plus★★

① 시장가치란 감정평가의 대상이 되는 토지 등이 통상적인 시장에서 충분한 기간 동안 거래를 위하여 공개된 후 그 대상물건의 내용에 정통한 당사자 사이에 신중하고 자발적인 거래가 있을 경우 성립될 가능성이 가장 높다고 인정되는 대상물건의 가액(價額)을 말한다.

37 지역분석과 개별분석에 대한 내용 중 옳은 것은?

① 지역분석은 개별분석 후에 이루어지는 것이 일반적이다.

② 지역분석에서는 개별분석에서 파악된 자료를 근거로 대상부동산의 최유효이용을 판정한다.

③ 지역분석의 대상은 원칙적으로 인근지역과 유사지역 뿐이다.

④ 인근지역이란 감정평가의 대상이 된 부동산이 속한 지역으로서 부동산의 이용이 동질적이고 가치형성요인 중 지역요인을 공유하는 지역을 말한다.

⑤ 유사지역이란 대상부동산이 속한 지역으로서 부동산의 이용이 동질적이고 가치형성요인 중 지역요인을 공유하는 지역을 말한다.

체크 Plus★★

① 개별분석은 지역분석 후에 이루어지는 것이 일반적이다.

② 개별분석에서는 지역분석에서 파악된 자료를 근거로 대상부동산의 최유효이용을 판정한다.

③ 지역분석의 대상은 동일수급권(=인근지역과 유사지역을 포함)이다.

⑤ 인근지역에 대한 설명이다.

38 가격의 제원칙에 대한 내용 중 틀린 것은?

① 변동의 원칙은 재화의 가치가 그 가치형성요인의 변화에 따라 달라지는 것으로, 부동산의 가치도 사회적·경제적·행정적 요인이나 부동산 자체가 가지는 개별적 요인에 따라 지속적으로 변동한다는 것을 강조하는 것이다.

② 대체의 원칙은 부동산의 가격이 대체관계의 유사부동산으로부터 영향을 받는다는 점에서, 거래사례비교법의 토대가 될 수 있다.

③ 도심지역의 공업용지가 동일한 효용을 가지고 있는 외곽지역의 공업용지보다 시장가격이 더 높은 현상은 최유효이용의 원칙에 의해서 설명 가능하다.

④ 부동산의 가격도 경쟁에 의해 결정되며, 경쟁이 있으므로 초과이윤이 소멸되고 대상부동산은 그 가치에 적합한 가격을 갖게 되는데, 이를 경쟁의 원칙이라 한다.

⑤ 기여의 원칙은 부동산의 구성요소가 전체에 기여하는 정도가 가장 큰 사용방법을 선택해야 한다는 점에서 용도의 다양성, 병합·분할의 가능성 등이 그 성립근거가 된다.

체크 Plus★★

③ 최유효이용의 원칙 → 기회비용의 원칙 : 부동산 가치는 대안적 이용에 지불하려는 대가에 의해 결정된다고 본다. 도심지역의 공업용지가(공업용지로 이용할 경우) 동일한 효용을 가지고 있는 외곽지역의 공업용지보다 시장가격이 더 높은 현상은 도심지역의 토지를 상업용지로 이용할 수 있는 이익(=기회)이 있으므로 이에 대한 대가를 지불하여야만 토지를 이용할 수 있기 때문이다. 여기서 기회비용이란 선택 가능한 여러 대안 중에서 특정대안을 선택함으로써 포기해야할 대안들 중에서 가장 최선의 것을 의미한다.

39 감정평가에 관한 규칙상 ( )에 들어갈 내용으로 옳은 것은?

- 원가방식 : (㉠) 및 적산법 등 비용성의 원리에 기초한 감정평가방식
- 비교방식 : 거래사례비교법, 임대사례비교법 등 시장성의 원리에 기초한 감정평가방식 및 (㉡)
- 수익방식 : 수익환원법 및 (㉢) 등 수익성의 원리에 기초한 감정평가방식

① ㉠ 원가법   ㉡ 공시지가기준법   ㉢ 수익분석법
② ㉠ 비용법   ㉡ 공시지가기준법   ㉢ 수익분석법
③ ㉠ 원가법   ㉡ 개별지가기준법   ㉢ 수익분석법
④ ㉠ 원가법   ㉡ 공시지가기준법   ㉢ 수익분해법
⑤ ㉠ 원가법   ㉡ 표준지가기준법   ㉢ 수익분석법

체크 Plus★

원가방식	원가법 및 적산법 등 비용성의 원리에 기초한 감정평가방식
비교방식	거래사례비교법, 임대사례비교법 등 시장성의 원리에 기초한 감정평가방식 및 공시지가기준법
수익방식	수익환원법 및 수익분석법 등 수익성의 원리에 기초한 감정평가방식

40 자료를 활용하여 산정한 A건물의 당 재조달원가는?

- A건물은 10년 전에 준공된 4층 건물이다. (대지면적 400m², 연면적 1,250m²)
- A건물의 준공당시 공사비 내역(단위 : 천 원)

직접공사비	: 370,000
간접공사비	: 30,000
공사비 계	: 400,000
개발사업자의 이윤	: 60,000
총 계	: 460,000

- 10년 전 건축비 지수 100, 기준시점 현재 135

① 496.8천 원/m²   ② 532.5천 원/m²
③ 584.6천 원/m²   ④ 590.0천 원/m²
⑤ 612.3천 원/m²

체크 Plus★★★

- 10년 전 공사비=직접공사비+간접공사비+개발업자의 이윤=460,000천 원
- 기준시점 현재 재조달원가
  $$=460,000천 원 \times \frac{135}{100}=621,000천 원$$
- $\therefore$ m²당 재조달원가$=\dfrac{621,000천 원}{1,250m^2}$
  $$=496.8천 원/m^2$$

정답 |

39 ①   40 ①

공인중개사 1차
국가자격시험

교시	문제형별	시험과목	회차
1교시	B	① 부동산학개론	제2회

★ 초급　★★ 중급　★★★ 고급으로 문제의 난이도를 표시한 것임.

01 다음 부동산과 토지소유권에 관한 내용 중 틀린 것은?

① 정착물이란 토지를 떠나 존재할 수 없어서 원칙적으로 토지로부터 독립되지 못하는 물건이다.

② 토지소유자가 토지소유권이 미치는 범위 내에서 적법하게 건물을 건축했다면, 그 인접에 위치하고 있는 민간지상과 방송사업자의 전파송신에 영향을 미쳤다고 하더라도, 특별한 사정이 없는 한 그 사실만으로 방송사업자의 권리를 침해한 것이라고 볼 수 없다.

③ 민법에서 토지의 소유권은 정당한 이익이 있는 범위 내에서 토지의 상하에 미친다고 규정하고 있어, 토지소유권의 효력범위를 입체적으로 규정하고 있다.

④ 현행 지적도는 토지의 경계를 입체적으로 표현하지 못하고 있다.

⑤ 민법 규정에 의하면, 토지소유자는 광업법에서 열거하는 미채굴광물에 대한 권리를 갖는다.

체크 Plus★★

⑤ 민법 규정에 의하면, 토지소유자는 광업법에서 열거하는 미채굴광물에 대한 권리를 갖지 않는다. (광업권의 객체가 된다.)

02 다음은 토지에 대한 내용이다. 틀린 것은?

① 부지(敷地)는 도로부지, 하천부지와 같이 일정한 용도로 이용되는 토지를 말한다.

② 후보지(候補地)는 택지지역·농지지역·임지지역 내에서 세부 지역 간 용도가 전환되고 있는 토지를 말한다.

③ 건부지는 건물 등이 부지의 최유효이용에 적합하지 못하는 경우, 나지에 비해 최유효이용의 기대가능성이 낮다.

④ 나지는 지상권 등 토지의 사용·수익을 제한하는 사법상의 권리가 설정되어 있지 않은 토지이다.

⑤ 필지는 하나의 지번을 가진 토지로서 등기의 한 단위를 의미한다.

체크 Plus★

② 이행지(履行地)는 택지지역·농지지역·임지지역 내에서 세부 지역 간 용도가 전환되고 있는 토지를 말한다.

03 주택의 분류에 대한 내용 중 옳은 것은?

① 연립주택은 주택으로 쓰는 1개 동의 바닥면적 합계가 660m² 이하이고, 층수가 5개 층 이하인 주택이다.

② 다세대주택은 주택으로 쓰는 1개 동의 바닥면적 합계가 330m² 이하이고, 층수가 5개 층 이하인 주택이다.

③ 다가구주택은 주택으로 쓰는 층수(지하층은 제외)가 3개 층 이하이며, 1개 동의 바닥면적(부설주차장 면적 제외)이 660m² 초과인 공동주택이다.

④ 다중주택은 학생 또는 직장인 등 다수인이 장기간 거주할 수 있는 구조로서, 독립된 주거형태가 아니며 연면적이 330m² 이하, 층수가 3층 이하인 주택이다.

⑤ 도시형생활주택은 300세대 미만의 국민주택규모로 대통령령으로 정하는 주택으로 단지형다세대주택·원룸형 주택·기숙사형 주택 등이 있다.

체크 Plus★★

① 660m² 이하 → 660m² 초과, 5개 층 이하 → 4개 층 이하

② 330m² 이하이고, 층수가 5개 층 이하 → 660m² 이하이고, 층수가 4개 층 이하

③ 660m² 초과인 공동주택 → 660m² 이하인 단독주택

④ ・연면적이 330m² 이하 → 바닥 면적이 660m² 이하
・층수가 3층 이하 → 층수가 3개 층 이하

04 다음 중 유량(flow)의 경제변수는 모두 몇 개인가?

㉠ 가계 자산	㉡ 주택생산량
㉢ 가계 소비	㉣ 통화량
㉤ 자본총량	㉥ 신규주택 공급량

① 1개   ② 2개
③ 3개   ④ 4개
⑤ 5개

체크 Plus★★

| 유량(flow)의 경제변수 | ㉡ 주택생산량 ㉢ 가계 소비 ㉥ 신규주택 공급량 |
| 저량(stock) 경제변수 | ㉠ 가계 자산 ㉣ 통화량 ㉤ 자본총량 |

05 아파트 시장의 수요곡선을 좌측으로 이동시킬 수 있는 요인은 모두 몇 개인가? (단, 다른 조건은 동일함)

- 수요자의 실질소득 증가
- 건축원자재 가격의 상승
- 사회적 인구감소
- 아파트 가격의 하락
- 아파트 선호도 증가
- 대체주택 가격의 하락
- 아파트 담보대출금리의 상승

① 1개
② 2개
③ 3개
④ 4개
⑤ 5개

체크 Plus★★

사회적 인구감소, 대체주택 가격의 하락(대체주택에 대한 수요를 증가시키는 대신에 아파트 수요는 감소한다), 아파트 담보대출금리의 상승은 아파트 수요 감소요인으로서 수요곡선을 좌측으로 이동시킨다.

⊕PLUS

- 수요자의 실질소득 증가, 아파트 선호도 증가는 아파트 수요 증가요인이다.
- 건축원자재 가격의 상승은 공급 감소요인이다.
- 아파트 가격의 하락은 수요량의 증가요인으로서 수요의 변화요인이 아니다.

06 A지역의 중형주택임대료가 평균 14% 인상됨에 따라 중형주택에 대한 임대수요가 28% 감소하였다면, 중형주택 임대수요의 가격탄력성은 얼마인가?

① 1.0
② 1.4
③ 1.7
④ 2.0
⑤ 2.2

체크 Plus★★

- $(-)\dfrac{\text{수요량의 변화율(\%)}}{\text{가격(임대료)의 변화율(\%)}} = (-)\dfrac{-28\%}{14\%} = 2.0$

07 A부동산의 가격이 5% 상승할 때, B부동산의 수요는 10% 증가하고 C부동산의 수요는 5% 감소한다. A와 B, A와 C 간의 관계는? (단, 다른 조건은 동일함)

① A와 B : 대체재   A와 C : 보완재

② A와 B : 보완재   A와 C : 대체재

③ A와 B : 대체재   A와 C : 독립재

④ A와 B : 독립재   A와 C : 보완재

⑤ A와 B : 대체재   A와 C : 열등재

체크 Plus★★★

- A부동산 가격이 상승할 때 A부동산 수요량은 감소하면서 대신 B부동산 수요는 증가하여 수요의 교차탄력성은 양(+)의 값으로서 A부동산과 B부동산은 대체재 관계이다.

- A부동산 가격이 상승할 때 A부동산 수요량은 감소하면서 함께 C부동산 수요도 감소하여 수요의 교차탄력성이 음(−)의 값으로서 A부동산과 C부동산은 보완재 관계이다.

08 조건에서 A지역 아파트시장이 t시점에서 (t+1)시점으로 변화될 때, 균형가격과 균형량의 변화는? (단, 주어진 조건에 한하며, P는 가격, Q_s는 공급량이며, Q_{d1}과 Q_{d2}는 수요량임)

- 아파트 공급함수 : $Q_s = 4P$
- t시점 아파트 수요함수 : $Q_{d1} = 800 - P$
- (t+1)시점 아파트 수요함수 : $Q_{d2} = 1,200 - P$

① 균형가격은 80 상승, 균형량은 320 증가

② 균형가격은 80 하락, 균형량은 320 감소

③ 균형가격은 90 상승, 균형량은 350 증가

④ 균형가격은 90 하락, 균형량은 350 감소

⑤ 균형가격은 95 상승, 균형량은 390 증가

체크 Plus★★

- 최초의 균형가격과 균형량
  $Q_s = 4P$, $Q_{d1} = 800 - P$, $4P = 800 - P$, $5P = 800$, $P = 160$, $Q_{d1} = 640$

- 변화 후 균형가격과 균형량
  $Q_s = 4P$, $Q_{d2} = 1,200 - P$, $4P = 1,200 - P$, $5P = 1,200$, $P = 240$, $Q_{d2} = 960$
  균형가격은 80 상승, 균형량은 320 증가

정답 I   07 ①   08 ①

09 다음과 같이 주어진 조건 하에서 개발정보의 현재가치는 얼마인가? (단, 제시된 가격은 개발정보의 실현여부에 의해 발생하는 가격차이만을 반영하였음)

- 기업도시로 개발될 가능성이 있는 지역의 인근에 일단의 토지가 있다.
- 1년 후 토지가격은 기업도시로 개발될 경우 84,000,000원, 기업도시로 개발되지 않을 경우에는 60,000,000원이 될 것으로 예상된다.
- 투자자의 요구수익률은 20%이고, 기업도시로의 개발 가능성은 50%이다.

① 8,000,000원
② 9,000,000원
③ 10,000,000원
④ 11,000,000원
⑤ 12,000,000원

10 다음 상업입지 이론에 대한 내용 중에서 틀린 것은?

① 허프(D. L. Huff)의 상권분석모형에 따르면, 소비자가 특정 점포를 이용할 확률은 경쟁점포의 수, 점포와의 거리, 점포의 면적에 의해 결정된다.

② 허프(D. L. Huff)는 상권분석에서 결정론적인 접근보다 확률론적인 접근이 필요하다고 보았으며, 이 확률모형으로 한 지역에서 각 상점의 시장점유율을 간편하게 추산할 수 있다.

③ 상권획정을 위한 접근법으로는 공간독점접근법, 시장침투접근법, 분산시장접근법이 있는데 고급 가구점과 같은 전문품점의 경우 분산시장접근법이 유용하다.

④ CST(customer spotting techniques) 기법은 상권의 규모뿐만 아니라 고객의 특성파악 및 판매촉진전략 수립에 도움이 될 수 있다.

⑤ 일반적으로 상품이나 서비스의 구입빈도가 낮을수록 상권의 규모는 작다.

11 다음 공업입지론의 내용 중 **틀린** 것은?

① 베버(A.Weber)의 공업입지론에서 기업은 단일 입지 공장이고, 다른 조건은 동일하다고 할 때 최소비용으로 제품을 생산할 수 있는 곳을 기업의 최적입지점으로 본다.

② 운송비의 비중이 적고 기술연관성이 높으며 계열화된 산업의 경우, 집적지역에 입지함으로써 비용절감효과를 얻을 수 있다.

③ 중간재나 완제품을 생산하는 공장은 시장지향형 입지를, 노동집약적이고 미숙련공을 많이 사용하는 공장은 노동지향형 입지를 선호한다.

④ 보편원료를 많이 사용하는 공장과 중량감소산업은 원료지향형 입지를 선호한다.

⑤ 위험물폐기규제, 대상지역의 기업환경, 세제상의 혜택, 중앙정부나 지방정부의 지원 등도 부지선정 시 고려해야 할 중요한 요인이 된다.

체크 Plus★★

④ 보편원료(ubiquitous material)를 많이 사용하는 공장과 중량증가산업은 시장지향형 입지를, 국지원료를 많이 사용하는 공장과 중량감소산업은 원료지향형 입지를 선호한다.

12 다음 지대이론에 대한 내용 중에서 옳은 것은?

① 마르크스(K.Marx)는 지대 발생의 원인을 비옥한 토지의 희소성과 수확체감현상으로 설명하고, 토지의 질적 차이에서 발생하는 임대료의 차이로 보았다.

② 차액지대설에 따르면 생산물의 가격과 생산비가 일치하는 한계지에서는 지대가 발생하지 않는다.

③ 차액지대설에 따르면 토지 소유자는 토지 소유라는 독점적 지위를 이용하여 최열등지에도 지대를 요구한다.

④ 튀넨(J.H.von Thünen)은 한계지의 생산비와 우등지의 생산비 차이를 절대지대로 보았다.

⑤ 차액지대설에 따르면 지대는 경제적 잉여가 아니고 생산비이다.

체크 Plus★★

① 리카도(D. Ricardo)는 지대 발생의 원인을 비옥한 토지의 희소성과 수확체감현상으로 설명하고, 토지의 질적 차이에서 발생하는 임대료의 차이로 보았다.

③ 「토지 소유자는 토지 소유라는 독점적 지위를 이용하여 최열등지에도 지대를 요구한다」는 마르크스의 절대지대설에 해당하며, 리카도(D. Ricardo)의 차액지대설에서는 조방적 한계의 토지(=한계지, 최열등지)에는 지대가 발생하지 않으므로 무지대(無地代 : 지대=0) 토지가 된다.

④ 리카도(D. Ricardo)는 한계지의 생산비와 우등지의 생산비 차이를 차액지대로 보았다.

⑤ 차액지대설의 고전적 지대론에서는 지대를 불로소득적 성격의 경제적 잉여로 파악하고 생산비로 보지 않는다.

13 마샬(A.Marshall)의 준지대론에 관한 설명으로 옳은 것으로 구성된 것은?

> ⊙ 고정생산요소의 공급량은 단기적으로 변동하지 않으므로 다른 조건이 동일하다면 준지대는 고정생산요소에 대한 수요에 의해 결정된다.
>
> ⓒ 준지대는 생산을 위하여 사람이 만든 기계나 기구들로부터 얻는 소득이다.
>
> ⓒ 토지에 대한 개량공사로 인해 추가적으로 발생하는 일시적인 소득은 준지대에 속한다.
>
> ⓔ 준지대는 토지 이외의 고정생산요소에 귀속되는 소득으로서, 다른 조건이 동일하다면 영구적으로 지대의 성격을 가지는 소득이다.

① ⊙, ⓒ, ⓔ ② ⊙, ⓒ, ⓒ

③ ⊙, ⓒ, ⓔ ④ ⊙, ⓒ, ⓔ

⑤ ⓒ, ⓒ, ⓔ

체크 Plus★★

ⓔ 마샬(A.Marshall)의 준지대는 단기에 토지 이외의 고정생산요소에 귀속되는 소득을 의미하므로 장기적(영구적으로)으로 발생하는 것은 아니다.

14 부동산정책에 대한 내용 중 옳은 것은?

① 주택에 대한 금융지원정책은 정부의 직접적 시장개입 수단이다.

② 토지정책수단 중 도시개발사업, 토지수용, 보조금 지급은 직접개입방식이다.

③ 오늘날 토지의 소유권은 그 자체가 당연히 사회성을 내포하지 않는 절대적 권리로 이해한다.

④ 개발부담금제는 개발사업의 시행으로 이익을 얻은 사업시행자로부터 개발이익의 일정액을 환수하는 제도이다.

⑤ 택지공영개발은 개발이익의 사회적 환수를 불가능하게 한다.

체크 Plus★★

① 주택에 대한 금융지원정책은 정부의 '간접적 개입' 수단에 해당한다.

② 도시개발사업과 토지수용은 직접개입, 보조금 지급은 간접개입방식이다.

③ 오늘날 토지의 소유권은 사회성과 공공성을 고려하여 절대적 권리가 아닌 상대적 권리로 이해한다.

⑤ 택지공영개발은 개발이익의 사회적 환수를 가능하게 한다.

정답 I   13 ②   14 ④

15 임대료규제에 대한 내용 중 <u>틀린</u> 것은?

① 임대료규제는 임대료수준 또는 임대료 상승률을 일정 범위 내에서 규제하여 임차가구를 보호하려는 가격규제(price control)의 일종이다.

② 정부의 규제임대료가 균형임대료보다 낮아야 저소득층의 주거비 부담 완화효과를 기대할 수 있다.

③ 규제임대료가 시장균형임대료보다 낮은 임대료규제는 장기적으로 임대주택의 공급량을 증가시킨다.

④ 균형임대료보다 임대료 상한이 낮을 경우, 임대료가 규제 이전의 균형수준보다 낮아져서 단기에 비해 장기에 초과수요가 더 발생할 수 있다.

⑤ 규제임대료가 시장균형임대료보다 낮은 임대료규제는 임대부동산의 질적 저하를 초래할 수 있다.

체크 Plus★★

③ 임대료규제는 장기적으로 임대주택의 공급량을 감소시킨다.

16 주택정책 중에서 임대료보조에 대한 다음 내용 중 <u>틀린</u> 것은?

① 우리나라는 생산자보조방식으로 공공임대주택제도를 시행하고 있다.

② 주거바우처(housing voucher) 제도는 임대료 보조를 교환권으로 지급하는 제도를 말한다.

③ 임대료보조정책은 임차인의 임대료 부담을 줄여줄 수 있다.

④ 정부에서 저소득층에게 지급하는 임대료보조금을 주택재화의 구입에만 사용하도록 하더라도, 일반적으로 저소득층의 다른 재화의 소비량은 임대료보조금 지급 전보다 늘어난다.

⑤ 임대료보조 대신 동일한 금액을 현금으로 제공하면 저소득층의 효용은 감소한다.

체크 Plus★★

⑤ 정부의 저소득층에 대한 지원책으로서 현금보조(=소득보조), 현물보조, 가격보조(=집세보조, 일반적인 임대료보조) 등의 형태를 취할 수가 있는데 이들은 모두 지원받는 저소득층의 실질소득을 증가시키는 효과가 있으므로 효용은 증가하게 된다.

17 주택정책과 제도에 대한 내용 중 <u>틀린</u> 것은?

① 공공임대주택은 공공주택사업자가 국가 또는 지방자치단체의 재정이나 「주택도시기금법」에 따른 주택도시기금을 지원받아 이 법 또는 다른 법률에 따라 건설, 매입 또는 임차하여 공급하는 주택이다.

② 정부의 공공임대주택공급은 임대료에 대한 이중가격을 형성하므로, 공공임대주택 거주자들은 사적 시장(private market)과의 임대료 차액만큼 정부로부터 보조받는 것과 같은 효과를 얻는다.

③ 주택선분양제도는 후분양제도에 비해 주택공급을 감소시켜 주택시장을 위축시킬 가능성이 있고, 건설업체가 직접 조달해야 하는 자금도 더 많음으로써 사업부담도 증가될 수 있다.

④ 선분양제도는 준공 전 분양대금의 유입으로 사업자의 초기자금부담을 완화할 수 있다.

⑤ 선분양제도는 분양권 전매를 통하여 가수요를 창출하여 부동산시장의 불안을 야기할 수 있다.

체크 Plus★★

③ 주택후분양제도는 선분양제도에 비해 주택공급을 감소시켜 주택시장을 위축시킬 가능성이 있고, 건설업체가 직접 조달해야 하는 자금도 더 많음으로써 사업부담도 증가될 수 있다.

18 부동산조세에 대한 내용 중 <u>틀린</u> 것은?

① 헨리 조지(Henry George)는 토지에서 발생하는 지대 수입을 100% 징세할 경우, 토지세 수입만으로 재정을 충당할 수 있기 때문에 토지세 이외의 모든 조세는 철폐하자고 주장했다.

② 임대주택의 경우, 임대인의 공급곡선이 비탄력적이고 임차인의 수요곡선이 탄력적일 때, 재산세를 중과하더라도 재산세가 임대인으로부터 임차인에게 전가되는 부분이 상대적으로 적다.

③ 토지의 공급곡선이 완전비탄력적인 상황에서는 토지 보유세가 부과되더라도 자원배분의 왜곡이 초래되지 않는다.

④ 주택수요의 가격탄력성이 비탄력적이고, 공급의 가격 탄력성이 탄력적이라고 할 때 양도소득세의 중과효과는 매도인(공급자)보다 매수인(수요자)에게 더 크게 작용할 것이다.

⑤ 주택수요의 가격탄력성이 비탄력적이고, 공급의 가격 탄력성이 탄력적이라고 할 때 매도인(공급자)은 가격 변화에 민감하게 반응하지 않는 반면, 매수인(수요자)은 매우 민감하게 반응할 것이다.

체크 Plus★★

④ 주택수요·공급의 가격탄력성이 작을수록 세부담이 크고, 클수록 세부담이 작으므로 주택수요의 가격탄력성이 비탄력적이고, 공급의 가격탄력성이 탄력적이라면 양도소득세의 중과효과(=세금의 부담효과)는 탄력적인 매도인(공급자)보다 비탄력적인 매수인(수요자)에게 더 크게 작용하여 부담은 커진다.

⑤ 주택수요의 가격탄력성이 비탄력적이고, 공급의 가격탄력성이 탄력적이라고 하였으므로 비탄력적인 매수인(수요자)은 가격변화에 민감하게 반응하지 않는(=수요량의 변화가 작다=비탄력적) 반면, 탄력적인 매도인(공급자)은 가격변화에 매우 민감하게 반응(=공급량의 변화가 크다=탄력적)할 것이다.

19 요구수익률에 대한 내용이다. 옳은 것은?

① 무위험률의 하락은 투자자의 요구수익률을 상승시키는 요인이다.

② 부동산투자자가 위험회피형이라면 부동산투자의 위험이 증가할 때 요구수익률을 낮춘다.

③ 부동산 투자안이 채택되기 위해서는 요구수익률이 기대수익률보다 커야 한다.

④ 어떤 부동산에 대한 투자자의 요구수익률이 기대수익률보다 큰 경우 대상부동산에 대한 기대수익률도 점차 하락하게 된다.

⑤ 부동산투자에서 일반적으로 위험과 수익은 비례관계를 가지고 있다.

체크 Plus★★★

① 무위험률의 하락은 투자자의 요구수익률을 하락시키는 요인이다.

② 부동산투자자가 위험회피형이라면 부동산투자의 위험이 증가할 때 위험할증률이 증가하여 요구수익률을 높인다.

③ 부동산 투자안이 채택되기 위해서는 기대수익률이 요구수익률보다 커야 한다.

④ 요구수익률이 기대수익률보다 큰 경우라면, 투자자는 투자를 기각하려 하므로 그 부동산의 투자수요는 감소하고 그 부동산의 시장가치가 하락하여(보다 저렴한 투자자본으로 투자할 수 있게 되어) 기대수익률은 점차 상승하게 된다.

20 자산비중 및 경제상황별 예상수익률이 다음과 같을 때, 전체 구성자산의 기대수익률은? (단, 확률은 호황 40%, 불황 60%임)

구 분	자산비중	경제상황별 예상 수익률	
		호황	불황
상가	30%	20%	10%
오피스텔	50%	25%	10%
아파트	20%	10%	8%

① 12.54% ② 13.26%

③ 13.55% ④ 13.96%

⑤ 14.24%

체크 Plus★★★

• 상가의 기대수익률 : $0.4 \times 20\% + 0.6 \times 10\%$
$= 8\% + 6\% = 14\%$

• 오피스텔의 기대수익률 : $0.4 \times 25\% + 0.6 \times 10\%$
$= 10\% + 6\% = 16\%$

• 아파트의 기대수익률 : $0.4 \times 10\% + 0.6 \times 8\%$
$= 4\% + 4.8\% = 8.8\%$

∴ 포트폴리오 기대수익률 $= 0.3 \times 14\% + 0.5 \times 16\%$
$+ 0.2 \times 8.8\% = 4.2\% + 8\% + 1.76\% = 13.96\%$

21 화폐의 시간가치에 대한 내용 중 틀린 것은?

① 연금의 미래가치란 매 기간마다 일정 금액을 불입해 나갈 때, 미래의 일정시점에서의 원금과 이자의 총액을 말한다.

② 현재 5억 원인 주택가격이 매년 전년대비 5%씩 상승한다고 가정할 때, 5년 후의 주택가격은 일시불의 미래가치계수를 사용하여 계산할 수 있다.

③ 연금의 미래가치계수를 계산하는 공식에서는 이자 계산 방법으로 복리 방식을 채택한다.

④ 일시불의 미래가치계수는 일시불의 현재가치계수의 역수이다.

⑤ 은행으로부터 주택구입자금을 대출한 가구가 매월 상환할 금액을 산정하는 경우 감채기금계수를 사용한다.

체크 Plus★★

⑤ 은행으로부터 주택구입자금을 대출한 가구가 매월 상환할 금액을 산정하는 경우 저당상수를 사용한다.

22 다음은 임대주택의 운영수지 분석 절차다. (㉢)에 들어갈 적당한 용어는 무엇인가?

> 가능총소득 – (㉠)
> = 유효총소득 – (㉡)
> = (㉢) – 부채서비스액
> = 세전현금흐름 – (㉣)

① 공실 및 불량부채   ② 영업경비

③ 순운영소득   ④ 영업소득세

⑤ 기타소득

23 현금흐름이 다음과 같은 투자안을 순현재가치가 큰 순서 대로 나열한 것? (단, 할인율 연 10%, 사업기간은 1년임)

투자안	금년의 현금지출	내년의 현금유입
A	6,000	7,150
B	5,000	6,160
C	4,000	4,730
D	3,000	3,520

① A 〉 B 〉 C 〉 D   ② B 〉 A 〉 C 〉 D

③ D 〉 B 〉 A 〉 C   ④ C 〉 D 〉 B 〉 A

⑤ A 〉 C 〉 B 〉 D

24 다음에 주어진 자료를 활용하여 순소득승수(자본회수기간)를 구하시오.

- 총 투자액 : 50억 원
- 지분투자액 : 10억 원
- 원리금상환액 : 1.5억 원
- 금리 : 5%
- 상환기간 : 25년
- 순영업소득 : 2억 원

① 10
② 15
③ 20
④ 25
⑤ 30

25 비율분석법을 이용하여 산출한 것으로 <u>틀린</u> 것은? (단, 주어진 조건에 한하며, 연간 기준임)

- 주택담보대출 : 5억 원
- 주택담보대출의 연간 원리금상환액 : 5,000만 원
- 부동산가치 : 10억 원
- 차입자의 연소득 : 5,000만 원
- 가능총소득 : 1억 원
- 공실손실상당액 및 대손충당금 : 가능총소득의 25%
- 영업경비 : 가능총소득의 50%

① 담보인정비율(LTV) = 0.5
② 부채감당률(DCR) = 1.0
③ 총부채상환비율(DTI) = 1
④ 채무불이행률(DR) = 1.33
⑤ 영업경비비율(OER, 유효총소득 기준) = 0.66

26 서울에 거주하는 A가 다음과 같이 시중은행에서 주택을 담보로 대출을 받고자 할 때 A가 받을 수 있는 최대 대출 가능금액은?

- 대출승인 기준 : 담보인정비율(LTV) 60%, 소득대비 부채비율(DTI) 40% (두 가지의 대출승인 기준을 모두 충족시켜야 함)
- A의 서울소재 주택의 담보평가가격 : 800,000,000원
- A의 연간 소득 : 100,000,000원
- 사업자금대출 : 연간 12,000,000원 부채상환
- 연간 저당상수 : 0.08

① 2.3억 원
② 2.5억 원
③ 3.0억 원
④ 3.5억 원
⑤ 3.8억 원

체크 Plus★★★

- ㉠ LTV(담보인정비율) : 8억 원×0.6=4.8억 원
- ㉡ DTI(소득대비 부채비율) :

$$\frac{x(주담대원리금상환액)+기타부채로서\ 사업자금대출상환(0.12억\ 원)}{1억\ 원}$$
=0.4,
x=0.28억 원

- 대출가능액=$\frac{0.28억\ 원}{0.08}$=3.5억 원
- ㉠ 담보인정비율(LTV), ㉡ 소득대비 부채비율(DTI) 둘 중 작은 금액인 3.5억 원이 한도이다.

27 A는 아파트를 구입하기 위해 은행으로부터 연초에 5억 원을 대출받았다. A가 받은 대출의 조건이 다음과 같을 때, 대출금리(㉠)와 2회차에 상환할 원금(㉡)은? (단, 주어진 조건에 한함)

- 대출금리 : 고정금리
- 대출기간 : 20년
- 연간 저당상수 : 0.09
- 1회차 원금 상환액 : 1,200만 원
- 원리금 상환조건 : 원리금균등상환방식, 매년 말 연 단위 상환

① ㉠ : 6.6% ㉡ : 12,792,000원
② ㉠ : 6.7% ㉡ : 13,892,000원
③ ㉠ : 6.8% ㉡ : 14,493,000원
④ ㉠ : 6.9% ㉡ : 14,523,000원
⑤ ㉠ : 7.0% ㉡ : 14,987,000원

체크 Plus★★★

- 매년 원리금상환액 : 5억 원×0.09 (저당상수)=0.45억 원
- 1회차 원금상환액(자료에 주어짐) : 0.12억 원
- 1회차 이자상환액 : 0.45억 원 (매년 원리금상환액)−0.12억 원=0.33억 원
- 대출금리 : 0.33억 원(1회차 이자상환액)/5억 원(대출액)=0.066(6.6%)
- 2회차 이자상환액 : [5억 원(대출액)−0.12억 원(1회차 원금상환액)]×0.066=0.32208억 원
- 2회차 원금상환액 : 0.45억 원 (매년 원리금상환액)−0.32208억 원 (2회차 이자상환액)=0.12792억 원

28

부동산증권에 대한 내용 중 **틀린** 것은?

① MPTS(Mortgage Pass-through Securities)의 조기 상환 위험은 투자자가 부담한다.

② MBB(Mortgage Backed Bond)의 투자자는 최초의 주택저당채권 집합물에 대한 소유권을 갖는다.

③ MBB(Mortgage Backed Bond)는 채권형 증권으로 발행자는 초과담보를 제공하는 것이 일반적이다.

④ 다계층저당채권(CMO)의 발행자는 동일한 저당풀(mortgage pool)에서 상환우선순위와 만기가 다른 다양한 저당담보부증권(MBS)을 발행할 수 있다.

⑤ 다계층저당채권(CMO)은 트랜치별로 적용되는 이자율은 서로 다른 것이 일반적이다.

체크 Plus★★

② MBB(Mortgage Backed Bond)의 경우 저당채권집합물에 대한 소유권은 발행기관이 갖는다.

③ 발행기관은 차입자로부터 수령하는 현금흐름에 대한 지분권(=원리금수취권)을 그대로 투자자에게 이전하지 않고 발행기관 자신의 신용으로 채권을 발행하여 새로운 현금흐름의 지급을 약속하는 셈이므로 위험이 발행기관에 집중되어 MBB 액면가 이상의 담보가 필요하게 된다. 따라서 발행자는 초과담보를 제공하는 것이 일반적이다.

29

부동산투자회사에 대한 설명이다. 옳은 것은?

① 자기관리 부동산투자회사와 기업구조조정 부동산투자회사는 모두 실체형 회사의 형태로 운영된다.

② 위탁관리 부동산투자회사는 본점 외의 지점을 설치할 수 있으며, 직원을 고용하거나 상근임원을 고용할 수 있다.

③ 부동산투자회사 중에서 기업구조조정 부동산투자회사의 수가 자기관리 부동산투자회사의 수보다 적다.

④ 자기관리 부동산투자회사의 설립자본금은 3억 원 이상으로 한다.

⑤ 위탁관리 부동산투자회사 및 기업구조조정 부동산투자 회사의 설립 자본금은 3억 원 이상으로 한다.

체크 Plus★★

① 자기관리 부동산투자회사는 실체형 회사의 형태로 운영된다.

② 위탁관리 부동산투자회사는 명목회사이므로 지점을 설치할 수 없으며 상근 임직원을 두지 못한다.

③ 부동산투자회사 중에서 기업구조조정 부동산투자회사의 수가 자기관리 부동산투자회사의 수보다 많다.

④ 자기관리 부동산투자회사의 설비자본금은 5억 원 이상으로 한다.

정답 l 　　28 ② 　 29 ⑤

30 아파트를 선분양할 때 당해 토지에 권리 상의 하자가 있으면 선분양을 할 수 없다. 이에 따라 금융기관은 시행사에게 프로젝트 파이낸싱을 통하여 자금을 제공할 때 저당권을 설정할 수 없다. 이런 문제를 해결하기 위해서 금융기관이 토지에 대한 권리를 확보하는 방법으로 활용하는 것은?

① 담보신탁

② 주택상환사채발행

③ 주식발행

④ 부외금융효과(off-balance effect)

⑤ 정보의 대칭성

31 부동산관리에 대한 내용 중 **틀린** 것은?

① 도시화, 건축 기술의 발달 등으로 인하여 부동산관리 전문화의 필요성이 강조되고 있다.

② 부동산관리에는 기술·경영·법제도 등의 측면이 있어서, 물리적 설비뿐 아니라 경영 및 법률을 포함하는 복합적인 접근이 필요하다.

③ 토지의 경계를 확인하기 위한 경계측량을 실시하는 등의 관리는 기술적 측면의 관리에 속한다.

④ 건물과 부지의 부적응을 개선시키는 활동은 경제적 관리에 해당한다.

⑤ 부동산을 운용하여 합리적인 순이익을 창출해 내는 관리를 경제관리라 한다.

32 다음의 업무를 모두 수행하는 부동산관리의 유형은?

• 포트폴리오 관리	• 투자리스크 관리
• 매입·매각관리	• 재투자 결정

① 자산관리(asset management)

② 건물 및 임대차관리(property management)

③ 시설관리(facility management)

④ 자가관리

⑤ 위탁관리

33 부동산관리에 대한 내용 중 옳은 것은?

① 순임대차(net lease)는 임차인의 총수입 중에서 일정비율을 임대료로 지불하는 방법을 말한다.

② 대응적 유지활동은 시설 등 본래의 기능을 발휘하는데 장애가 없도록 유지계획에 따라 시설을 교환하고 수리하는 사전적 유지활동을 의미한다.

③ 부동산관리에서 '유지'란 외부적인 관리행위로 부동산의 외형·형태를 변화시키면서 양호한 상태를 지속시키는 행위이다.

④ 건물의 생애주기 단계 중 안정단계에서 건물의 양호한 관리가 이루어진다면 안정단계의 국면이 연장될 수 있으며 건물의 물리적 유용성이 가장 높게 나타나는 단계는 안정단계이다.

⑤ 건물관리의 경우 생애주기비용(Life Cycle Cost)분석을 통해 초기투자비와 관리유지비의 비율을 조절함으로써 보유기간동안 효과적으로 총비용을 관리할 수 있다.

정답 | 32 ① 33 ⑤

34 마케팅 전략에 대한 내용 중 옳은 것은?

① 공급자의 전략차원으로서 표적시장을 선점하거나 틈새시장을 점유하는 것을 관계마케팅 전략이라 한다.

② 시장세분화는 상품계획이나 광고 등 여러 판매촉진활동을 전개하기 위해 소비자를 몇 개의 다른 군집으로 나눈 후에 특정군집을 표적시장으로 선정하는 것이다.

③ 유통경로(place) 전략은 고객행동변수 및 고객특성변수에 따라 시장을 나누어서 몇 개의 세분시장으로 구분하는 것이다.

④ 고객점유 마케팅 전략이란 공급자 중심의 마케팅 전략으로 표적시장을 선정하거나 틈새시장을 점유하는 전략을 말한다.

⑤ 차별화(positioning) 전략은 동일한 표적시장을 갖는 다양한 공급 경쟁자들 사이에서 자신의 상품을 어디에 위치시킬 것인가를 정하는 전략이다.

35 감정평가에서 가액을 산정하는 것과 관련된 내용 중 옳은 것은?

① 대상부동산과 인접한 부동산이 1년 전에 거래된 적이 있어 이 사례에 사정보정 및 시점수정을 가하여 적산가액을 구하였다.

② 거래사례비교법은 시장성에 근거하므로 과도한 호황·불황기에도 매우 유용하다.

③ 거래사례비교법은 아파트 등 매매가 빈번하게 이루어지는 부동산의 경우에 유용하다.

④ 시점수정은 거래사례 자료의 거래시점 가격을 현재시점의 가격으로 정상화하는 작업을 말한다.

⑤ 대상 나대지의 지난 1년간 순수익 실적에 종합자본환원율을 적용하여 수익가액을 구하였다.

36 A부동산이 100% 임대될 경우, 연간예상총소득이 60,000,000원이고, 운영경비가 유효총소득의 35%를 차지하는 경우 평균 공실률을 감안한 A부동산의 수익가액은 얼마인가? (단, 인근지역의 평균공실률은 5%이고, 환원율은 10%라고 한다.)

① 271,300,000원
② 370,500,000원
③ 473,700,000원
④ 574,800,000원
⑤ 643,400,000원

체크 Plus★★

- ①번 풀이방법 순영업소득=㉠ 유효총소득−㉡ 영업경비
  =37,050,000

  ㉠ 유효총소득=(60,000,000원−60,000,000원×0.5)=60,000,000원×0.95=57,000,000원

  ㉡ 영업경비=유효총소득×0.35=57,000,000원×0.35=19,950,000원

- ②번 풀이방법 60,000,000원×(1−0.05)×(1−0.35)
  =60,000,000×0.95×0.65=37,050,000원

∴ 수익가액=$\dfrac{순영업소득}{환원이율}$=$\dfrac{37,050,000원}{0.1}$
= 370,500,000원

37 감정평가에 관한 규칙 제8조에 규정된 감정평가의 절차에 해당하지 <u>않는</u> 것은?

㉠ 기본적 사항 확정	㉡ 감정평가 의뢰·접수
㉢ 대상물건 확인	㉣ 감정평가방법의 선정 및 적용
㉤ 감정평가액의 결정 및 표시	

① ㉠
② ㉡
③ ㉢, ㉣
④ ㉠, ㉤
⑤ ㉢, ㉤

체크 Plus★★

감정평가 의뢰와 접수는 감정평가에 관한 규칙 제8조에 규정된 감정평가의 절차에 해당하지 않는다.

38 자료를 활용하여 공시지가기준법으로 평가한 대상 토지의 가액(원/m²)은? (단, 주어진 조건에 한함)

- 소재지 등 A시 B구 C동 100, 일반상업지역, 상업용
- 기준시점 : 2××9. 10. 26
- 표준지공시지가(A시 B구 C동, 2××9. 01. 01. 기준)

기호	소재지	용도지역	이용상황	공시지가(원/m²)
1	C동 90	일반공업	상업용	900,000
2	C동 110	일반상업	상업용	1,500,000

- 지가변동률(A시 B구, 2××9. 01. 01~2××9. 10. 26.)
  - 공업지역 : 2% 상승   - 상업지역 : 4% 상승
- 지역요인 : 표준지와 대상토지는 인근지역에 위치하여 지역요인은 동일함
- 개별요인 : 대상토지는 표준지 기호 1, 2에 비해 각각 가로조건에서 5% 우세하고, 다른 조건은 동일함(상승식으로 계산할 것)

① 1,335,000원/m²
② 1,436,000원/m²
③ 1,525,000원/m²
④ 1,638,000원/m²
⑤ 1,745,000원/m²

체크 Plus★★★

1,500,000원/m²×1.04×1.05=1,638,000원/m²

39 물건별 평가에 내용 중 틀린 것은?

① 감정평가업자는 과수원을 감정평가할 때에 거래사례비교법을 적용하여야 한다.

② 자동차를 감정평가할 때에 거래사례비교법을 적용하여야 한다. 다만, 본래 용도의 효용가치가 없는 물건은 해체처분가액으로 감정평가할 수 있다.

③ 동산을 감정평가할 때에는 거래사례비교법을 적용하여야 한다. 다만, 본래 용도의 효용가치가 없는 물건은 해체처분가액으로 감정평가할 수 있다.

④ 광업권을 감정평가할 때에 광업재단의 감정평가액에서 해당 광산의 현존시설 가액을 빼고 감정평가하여야 한다. 이 경우 광산의 현존시설 가액은 적정 생산규모와 가행조건(稼行條件) 등을 고려하여 산정하되 과잉유휴시설을 포함하여 산정하지 아니한다.

⑤ 임대료를 평가할 때는 적산법을 주된 평가방법으로 적용한다.

체크 Plus★★

⑤ 감정평가법인 등은 임대료를 감정평가할 때에 「임대사례비교법」을 적용하여야 한다. 단서는 없다.

40 부동산 가격공시에 관한 법령상 시장·군수 또는 구청장이 개별공시지가를 결정·공시하지 아니할 수 있는 토지를 모두 고른 것은?

> ㉠ 표준지로 선정된 토지
>
> ㉡ 농지보전부담금의 부과대상이 아닌 토지
>
> ㉢ 개발부담금의 부과대상이 아닌 토지
>
> ㉣ 국세 부과대상이 아닌 토지(국공유지의 경우에는 공공용 토지만 해당한다)
>
> ㉤ 도시·군계획시설로서 공원이 지정된 토지

① ㉠, ㉡, ㉢, ㉣
② ㉡, ㉢, ㉣, ㉤
③ ㉢, ㉣, ㉤
④ ㉣, ㉤
⑤ ㉠

공인중개사 1차
국가자격시험

교시	문제형별	시험과목	회차
1교시	A	① 부동산학개론	제3회

★ 초급　★★ 중급　★★★ 고급으로 문제의 난이도를 표시한 것임.

01 부동산학에 대한 다음 내용 중 틀린 것은?

① 부동산학은 복잡한 현대의 부동산 문제를 해결하기 위하여 학제적 접근을 취하는 전문적인 학문 영역으로 등장하였다.

② 부동산학은 토지 및 그 정착물에 관하여, 그것과 관련된 직업적, 물적, 법적, 금융적 제 측면을 연구하는 학문이다.

③ 부동산학은 순수과학과는 달리 복잡한 현실적 사회문제를 해결하고자 하는 응용과학이다.

④ 우리나라 부동산학 이론을 단기간에 통일적으로 정착시키는 데 크게 기여한 연구방법은 종합식 접근방법이다.

⑤ 부동산학이 추구하는 가치를 민간부문에 한정하여 볼 때는, 효율성보다는 형평성을 중시하게 된다.

체크 Plus★

⑤ 민간(사적)부문에서는(자원배분의) 효율성을 중시하며, 공적부문에서는 효율성은 물론(소득분배의) 형평성도 중시한다.

02 부동산 정착물에 대한 내용 중 틀린 것은?

① 민법에서 부동산이란 토지와 그 정착물을 말한다.

② 준부동산은 등기·등록의 공시방법을 갖춤으로써 부동산에 준하여 취급되는 특정의 동산 등을 말한다.

③ 토지에 정착되어 있으나 매년 경작의 노력을 요하지 않는 나무와 다년생식물 등은 부동산의 정착물로 간주되지 않기 때문에 부동산중개의 대상이 되지 않는다.

④ 제거하여도 건물의 기능 및 효용의 손실이 없는 부착된 물건은 동산으로 취급된다.

⑤ 정착물은 토지와 서로 다른 부동산으로 간주되는 것과 토지의 일부로 간주되는 것으로 나눌 수 있다.

체크 Plus★★

③ 토지에 정착되어 있으나 매년 경작의 노력을 요하지 않는 나무와 다년생식물 등은 토지의 일부인 정착물로 간주되므로 토지와 함께 부동산중개의 대상물이 된다고 볼 수 있다.
– 토지와 서로 다른 부동산으로 간주되는 것
　예 건물, 명인방법을 갖춘 수목과 미분리과실, 등기된 입목, 농작물
– 토지의 일부로 간주되는 것
　예 경작을 요하지 않는 나무, 자연식생, 다년생식물 등

정답 I　　　　　　　　01 ⑤　02 ③

03 토지의 특성에 대한 내용 중 <u>틀린</u> 것은?

① 부증성은 토지의 집약적 이용과 토지 부족 문제의 근거가 된다.

② 개별성이 있어 부동산 상품 간 완전한 대체관계가 성립한다.

③ 영속성으로 가격이 하락해도 소모되지 않기 때문에 차후에 가격상승을 기대하여 매각을 미룰 수 있다.

④ 부동산은 부동성으로 인해 부동산시장이 지역적 시장으로 되므로 중앙정부나 지방자치단체의 상이한 규제와 통제를 받는다.

⑤ 개별성은 토지뿐만 아니라 건물이나 기타 개량물에도 적용될 수 있다.

체크 Plus*

② 개별성은 비동질성을 의미한다. 따라서 부동산 상품 간 대체관계가 성립되기 어렵게 한다.

04 수요와 공급의 탄력성에 내용 중 <u>틀린</u> 것은?

① 다른 조건은 일정할 때 건축 인·허가가 어려울수록 공급의 임대료탄력성은 더 비탄력적이다.

② 부동산의 물리적인 공급은 단기적으로 비탄력적이라 할 수 있다.

③ 일반적으로 임대주택을 건축하여 공급하는 기간이 짧을수록 공급의 가격탄력성은 작아진다.

④ 물리적 토지공급량이 불변이라면 토지의 물리적 공급은 토지가격 변화에 대해 완전비탄력적이다.

⑤ 용도변경을 제한하는 법규가 강화될수록 공급곡선은 이전에 비해 비탄력적이다.

체크 Plus**

③ 일반적으로 임대주택을 건축하여 공급하는 기간 (공급에 소요되는 기간)이 짧을수록 공급량을 더 많이 늘릴 수 있으므로 공급의 가격탄력성은 커진다. 그러나 공급하도록 주어진 기간(측정기간, 관찰기간)은 짧을수록 비탄력적이다.

05 X지역의 오피스텔 임대료가 10% 상승하고 오피스텔 임차수요가 12% 감소하자, 이 지역의 소형아파트 임차수요가 2% 증가하였다. X지역의 "소형아파트 임차수요의 교차탄력성"(A) 및 "소형아파트와 오피스텔의 관계"(B)로 옳은 것은? (단, 다른 조건은 일정하다고 가정함)

① A : 0.2, B : 보완재   ② A : 0.2, B : 대체재

③ A : 1.2, B : 대체재   ④ A : 1.2, B : 보완재

⑤ A : 1.2, B : 독립재

06 부동산수요와 공급에 대한 내용 중 틀린 것은? (단, 해당 아파트는 정상재이며, 다른 요인은 일정하다고 가정한다)

① 소비에 있어서 해당 아파트와 보완관계에 있는 재화의 가격상승은 아파트의 임대료를 하락시키는 요인이다.

② 수요가 불변이고 공급이 증가하는 경우, 새로운 균형가격은 하락하고 균형거래량은 증가한다.

③ 어떤 지역의 아파트 시장에서 건설기술의 진보로 인한 생산성 향상은 균형가격을 하락시킬 수 있는 요인이다.

④ 건설종사자들의 임금상승은 부동산가격을 하락시킨다.

⑤ 수요의 증가가 공급의 증가보다 큰 경우, 새로운 균형가격은 상승하고 균형거래량도 증가한다.

⊕PLUS

한편, ① 소비에 있어서 해당 아파트와 보완관계에 있는 재화의 가격상승은 그 보완관계에 있는 재화의 수요량이 감소하면서 함께 아파트의 수요가 감소하여 아파트의 임대료는 하락한다.

정답 | 05 ②   06 ④

07 부동산경기에 대한 내용이다. 틀린 것은?

① 부동산시장은 일반 경기변동과 같은 회복·상향·후퇴·하향의 4가지 국면 외에 안정시장이라는 국면이 있다.

② 일반 경기변동에 비해 정점과 저점 간의 진폭이 작다.

③ 부동산경기는 부동산의 특성에 의해 일반경기보다 주기가 더 길 수 있다.

④ 부동산경기는 주기의 순환국면이 일정치 않은 경향이 있다.

⑤ 부동산경기는 일반경기보다 선행하기도 하며, 때로는 후행하기도 한다.

08 부동산경기의 순환국면별 특징에 대한 내용 중 옳은 것은?

① 상향시장에서 직전 국면의 거래사례가격은 현재시점에서 새로운 거래가격의 상한이 되는 경향이 있다.

② 하향시장에서 직전 후퇴시장의 거래사례가격은 현재시점에서 상한가가 된다.

③ 후퇴국면이란 하향시장국면의 다음에 오는 국면으로 경기저점까지 바로 하강하는 국면을 말한다.

④ 업무용 부동산의 경우, 부동산경기의 상승국면이 장기화되면 공실률이 증가하는 경향이 있다.

⑤ 후퇴국면이 일반경기와 병행하여 장기화되면 점차 공실률은 감소하기도 한다.

09 표는 어느 시장지역 내 거주지 A에서 소비자가 이용하는 쇼핑센터까지의 거리와 규모를 표시한 것이다. 현재 거주지 A지역의 인구가 1,000명이다. 허프(Huff)모형에 의한다면, 거주지 A에서 쇼핑센터1의 이용객 수는? (단, 공간 마찰계수는 2이고, 소요시간과 거리의 비례는 동일하며, 다른 조건은 불변이라고 가정함)

구분	쇼핑센터1	쇼핑센터2
쇼핑센터의 면적	2,000m²	8,000m²
거주지 A로부터의 시간거리	20분	20분

① 100명
② 200명
③ 300명
④ 400명
⑤ 500명

10 공업입지론에 대한 내용 중 틀린 것은?

① 베버(A.Weber)의 공업입지론은 생산자는 합리적 경제인이라고 가정한다.

② 베버(A.Weber)의 공업입지론에서 등비용선(isodapane)은 최소수송비 지점으로부터 기업이 입지를 바꿀 경우, 이에 따른 추가적인 수송비의 부담액이 동일한 지점을 연결한 곡선을 의미한다.

③ 베버(A.Weber)의 공업입지론에서 기업은 수송비, 인건비, 집적이익의 순으로 각 요인이 최소가 되는 지점에 입지한다.

④ 베버(A.Weber)의 최소비용이론은 다른 생산조건이 동일하다면, 수송비는 원료와 제품의 무게, 원료와 제품이 수송되는 거리에 의해 결정된다.

⑤ 뢰시(A. Lösch)는 수요측면의 입장에서 기업은 시장 확대 가능성이 가장 높은 지점에 위치해야 한다고 보았다.

정답 | 09 ②   10 ③

11 지대이론에 대한 내용이다. 옳은 것은?

① 절대지대는 토지의 생산성과 무관하게 토지가 개인에 의해 배타적으로 소유되는 것으로부터 발생한다.

② 마르크스(K.Marx)는 비옥도의 차이, 비옥한 토지량의 제한, 수확체감 법칙의 작동을 지대발생의 원인으로 보았다.

③ 독점지대설은 토지의 소유 자체를 지대발생의 원인으로 보며, 차액지대설로는 설명이 불가능한 최열등지에 대한 지대발생의 근거를 제시하고 있다.

④ 준지대는 토지사용에 있어서 지대의 성질에 준하는 잉여로 영구적 성격을 가지고 있다.

⑤ 경제지대는 어떤 생산요소가 다른 용도로 전용되지 않고 현재의 용도에 그대로 사용되도록 생산요소공급자에게 지급하는 최소한의 지급액이다.

체크 Plus★★

② 리카도(D.Ricardo)는 비옥도의 차이, 비옥한 토지량의 제한, 수확체감 법칙의 작동을 지대발생의 원인으로 보았다.

③ 절대지대설은 토지의 소유 자체를 지대발생의 원인으로 보며, 차액지대설로는 설명이 불가능한 최열등지에 대한 지대발생의 근거를 제시하고 있다. 한편, 독점지대란 토지공급에 대한 독점에 따른 경쟁이 없어 장기에도 존재하게 되는 독점이윤을 독점지대라고 보았다.

④ 준지대는 토지사용에 있어서 지대의 성질에 준하는 잉여로 일시적 성격을 가지고 있다.

⑤ 전용(이전)수입은 어떤 생산요소가 다른 용도로 전용되지 않고 현재의 용도에 그대로 사용되도록 생산요소공급자에게 지급하는 최소한의 지급액이다. 이와는 달리 경제지대는 잉여분에 해당한다.

12 다음 지대이론에 대한 내용 중 옳은 것은?

① 입지경쟁이 발생하면 토지이용이 조방화되어 단위 면적당 노동과 자본투입비율이 상승한다.

② 특정 토지는 입지경쟁이 일어난다면 최대의 순현재가치를 올릴 수 있는 이용에 할당되는데, 이때 최대의 순현재가치를 올릴 수 있는 원인이 무엇이든 아무런 상관이 없다.

③ 생산요소 간의 대체가 일어날 경우, 일반적으로 입찰지대곡선은 우하향하면서 원점을 향해 오목한 형태를 지니게 된다.

④ 입찰지대곡선의 기울기는 토지이용자의 토지이용량을 생산물의 단위당 한계운송비로 나눈 값이다.

⑤ 입찰지대는 토지소유자의 노력과 희생 없이 사회 전체의 노력에 의해 창출된 지대이다.

체크 Plus★★

① 입지경쟁은(지가가 높아져) 토지이용을 집약화시켜 단위면적당 노동·자본투입비율이 상승한다.

③ 생산요소 간의 대체가 일어날 경우, 일반적으로 입찰지대곡선은 우하향하면서 원점을 향해 볼록한 형태를 지니게 된다. 한편 '원점을 향해 볼록하다'는 것은 '바깥으로 향해 오목하다'는 것과 같다.

④ 입찰지대곡선의 기울기는 기업의 한계교통비를 기업의 토지사용량으로 나눈 값이다.

$$\text{입찰지대곡선의 기울기} = \frac{\text{기업의 한계교통비}}{\text{기업의 토지사용량}}$$

⑤ 공공발생지대(=개발이익)는 토지소유자의 노력과 희생 없이 사회 전체의 노력에 의해 창출된 지대이다.

정답 I   11 ①   12 ②

13

다음 내용을 모두 만족시키는 도시공간구조이론은?

- 도시는 하나의 중심이 아니라 여러 개의 전문화된 중심으로 이루어진다.
- 서로 다른 도시활동 중에서는 이해가 상반되는 경우가 있는데, 이러한 활동은 상호 분리되는 경향이 있다.
- 도시활동 중에는 교통이나 입지의 측면에서 특별한 편익을 필요로 하는 기능들이 있다.
- 유사한 도시활동은 집적으로부터 발생하는 이익 때문에 집중하려는 경향이 있다.

① 호이트(Hoyt)의 선형이론
② 튀넨(von Thünen)의 고립국 이론
③ 버제스(Burgess)의 동심원이론
④ 알론소(W. Alonso)의 입찰지대이론
⑤ 해리스(C. Harris)와 울만(E. Ullman)의 다핵심이론

체크 Plus★

해리스(C. Harris)와 울만(E. Ullman)의 다핵심 이론에 해당하는 설명이다.

14

다음 외부효과에 대한 내용 중 틀린 것은?

① 외부효과는 생산과정에서 발생하는 경우도 있고 소비과정에서 발생하는 경우도 있다.
② 외부효과는 어떤 경제주체의 경제활동의 의도적인 결과가 시장을 통하여 다른 경제주체의 후생에 영향을 주는 것을 말한다.
③ 인근지역에 쇼핑몰이 개발됨에 따라 주변 아파트 가격이 상승하는 경우, 정(+)의 외부효과가 나타난 것으로 볼 수 있다.
④ 부동산시장은 외부효과에 의해 시장의 실패가 발생할 수 있다.
⑤ 어떤 사람이 타인의 경제행위로 인하여 아무런 보상 없이 일방적 피해를 받는 경우를 부(−)의 외부효과라고 한다.

체크 Plus★

② 외부효과는 어떤 경제주체의 경제활동의 의도하지 않은 결과가 시장기구를 통하지 않고 다른 경제주체의 후생에 영향을 주는 것을 말한다.

⊕ PLUS

외부효과란 거래당사자 이외의 제3자에게 의도하지 않은 이익이나 손해를 끼치고도 그에 대한 대가를 받거나 지불하지 않는 상태를 의미한다.

15

다음 부동산정책에 대한 내용 중 틀린 것은?

① 개발권양도제(TDR)는 개발제한으로 인해 규제되는 보전지역에서 발생하는 토지 소유자의 손실을 보전하기 위한 제도로서 현재 널리 시행되고 있다.

② 토지비축제도는 정부가 직접적으로 부동산시장에 개입하는 정책수단이다.

③ 토지비축사업은 토지를 사전에 비축하여 장래 공익사업의 원활한 시행과 토지시장의 안정에 기여할 수 있다.

④ 토지비축제도는 사적 토지소유의 편중현상으로 인해 발생 가능한 토지보상비 등의 고비용 문제를 완화시킬 수 있다.

⑤ 토지비축제도는 정부 등이 토지를 매입한 후 보유하고 있다가 적절한 때에 이를 매각하거나 공공용으로 사용하기 위한 것이다.

체크 Plus*

① 개발권양도제도는 현재 우리나라를 비롯해 널리 시행되고 있지 않는 제도이다.

16

임대료규제에 대한 내용 중 틀린 것은?

① 균형임대료보다 임대료 상한이 낮을 경우, 임대주택에 대한 공급이 단기적으로는 탄력적, 장기적으로는 비탄력적으로 반응한다.

② 규제임대료가 시장균형임대료보다 낮은 임대료규제는 민간임대주택시장에서 장기적으로 공급이 줄어 주택부족현상을 야기할 수 있다.

③ 균형임대료보다 임대료 상한이 낮을 경우, 장기적으로 임대주택의 질이 낮아질 수 있다.

④ 일반적으로 임대료규제는 기존 임차인들의 주거이동의 저하를 가져온다.

⑤ 임대료규제는 임대료에 대한 이중가격을 형성시킬 우려가 있다.

체크 Plus**

① 균형임대료보다 임대료 상한이 낮을 경우, 단기적으로 공급을 쉽게 감소시킬 수가 없기 때문에 임대료 변화에 대하여 공급이 비탄력적으로 작용하지만, 장기적으로는 공급을 감소시킬 수 있으므로 임대료 변화에 대하여 공급이 탄력적으로 작용한다.

17 주택정책과 부동산제도에 대한 내용 중 틀린 것은?

① 정부가 저소득층의 주거안정을 위해 공급하는 국민임대 주택의 임대료가 시장임대료보다 낮다면 임대료 차액만큼 임차가구에게 주거비를 보조하는 효과가 있다.

② 후분양제도는 초기 주택건설자금의 대부분을 주택구매자로부터 조달하므로 건설자금에 대한 이자의 일부를 주택구매자가 부담하게 된다.

③ 후분양제도는 주택을 일정 절차에 따라 건설한 후에 분양하는 방식이다.

④ 소비자측면에서 후분양제도는 선분양제도보다 부실시공 및 품질저하에 대처할 수 있다.

⑤ 정부가 저소득층에게 임차료를 보조해주면 저소득층 주거의 질적 수준이 높아질 수 있다.

체크 Plus★★

② 선분양제도는 초기 주택건설자금의 대부분을 주택구매자로부터 조달하므로 건설자금에 대한 이자의 일부를 주택구매자가 부담하게 된다.

18 부동산조세에 관한 내용 중 틀린 것은? (단, 우하향하는 수요곡선을 가정함)

① 임대주택에 재산세가 중과되면, 증가된 세금은 장기적으로 임차인에게 전가될 수 있다.

② 부동산조세는 소득재분배 효과를 기대할 수 있다.

③ 주택조세감면으로 주택수요가 증가하여 주택가격이 상승하면 저소득층은 주택을 구입하기 어려워진다.

④ 주택공급의 동결효과(lock-in effect)란 가격이 오른 주택의 소유자가 양도소득세를 납부하기 위해 주택의 처분을 적극적으로 추진함으로써 주택의 공급이 증가하는 효과를 말한다.

⑤ 주택수요의 소득탄력성이 0보다 큰 경우에 주택조세를 감면하면 고소득층은 더 규모가 크고 질이 좋은 주택을 구입할 수 있다.

체크 Plus★★

④ 주택공급의 동결효과(lock-in effect)란 가격이 오른 주택의 소유자가 양도소득세를 납부하지 않기 위해 주택의 처분을 적극적으로 미룸으로써 주택의 공급이 감소하는 효과를 말한다.

19 부동산투자에 대한 위험과 관련된 내용이다. **틀린** 것은?

① 유동성위험(liquidity risk)이란 대상부동산을 현금화하는 과정에서 발생하는 시장가치의 손실가능성을 말한다.

② 레버리지효과란 타인자본을 이용할 경우 부채비율의 증감이 자기자본수익률에 미치는 효과를 말한다.

③ 부동산투자자는 저당권과 전세제도 등을 통해 레버리지를 활용할 수 있다.

④ 타인자본의 이용으로 레버리지를 활용하면 위험이 감소된다.

⑤ 정(+)의 레버리지효과는 총자본수익률(종합수익률)이 저당수익률보다 높을 때 발생한다.

체크 Plus★

④ 타인자본의 이용으로 레버리지를 활용하면 위험이 증가된다.

20 부동산투자 시 (㉠) 타인자본을 활용하지 않는 경우와 (㉡) 타인자본을 50% 활용하는 경우, 각각의 1년간 자기자본수익률은? (단, 주어진 조건에 한함)

- 기간 초 부동산가격 : 20억 원
- 1년간 순영업소득(NOI) : 연 8천만 원 (기간 말 발생)
- 1년간 부동산가격 상승률 : 연 3%
- 1년 후 부동산을 처분함
- 대출조건 : 이자율 연 4%, 대출기간 1년, 원리금은 만기 시 일시 상환함

① ㉠ : 7%   ㉡ : 10%

② ㉠ : 8%   ㉡ : 11%

③ ㉠ : 9%   ㉡ : 12%

④ ㉠ : 10%   ㉡ : 13%

⑤ ㉠ : 11%   ㉡ : 14%

체크 Plus★★★

- 타인 자본을 활용하지 않는 경우의 자기자본수익률
  - 자기자본=20억 원, 순영업소득=8천만 원
  - 자본이득=20억 원×0.03=6천만 원
  - 자기자본수익률

$$\frac{순영업소득(8천만 원)+자본이득(6천만 원)}{자기자본투자액(20억 원)}$$

$$=0.07(7\%)$$

- 타인 자본을 활용한 경우의 자기자본수익률
  - 자기자본=10억 원, 순영업소득=8천만 원, 이자=10억 원×0.04=4천만 원
  - 자본이득=20억 원×0.03=6천만 원
  - 자기자본수익률

$$=\frac{순영업소득(8천만 원)-이자(4천만 원)+자본이득(6천만 원)}{자기자본투자액(10억 원)}$$

$$=0.1(10\%)$$

21 위험을 처리하는 다음 내용 중 옳은 것은?

① 장래에 인플레이션이 예상되는 경우 대출자는 변동이자율 대신 고정이자율로 대출하기를 선호한다.

② 위험도가 높은 자산을 투자에서 제외시키는 것은 위험을 전가(risk shifting)시키는 방법의 하나이다.

③ 위험조정할인율을 적용하는 방법으로 장래 기대되는 소득을 현재가치로 환산하는 경우, 위험한 투자일수록 낮은 할인율을 적용한다.

④ 민감도분석은 모형의 투입요소가 변화함에 따라, 그 결과치인 순현재가치와 내부수익률이 어떻게 변화하는지를 분석하는 것이다.

⑤ 보수적 예측방법은 투자수익의 추계치를 상향 조정함으로써, 미래에 발생할 수 있는 위험을 상당수 제거할 수 있다는 가정에 근거를 두고 있다.

22 A, B, C 3개의 부동산자산으로 이루어진 포트폴리오가 있다. 이 포트폴리오의 자산비중 및 경제상황별 예상 수익률 분포가 표와 같을 때 전체 포트폴리오의 기대수익률은? (단, 호황과 불황의 확률은 각각 50%임)

구 분	포트폴리오비중(%)	경제상황별 예상 수익률(%)	
		호황	불황
A부동산	10	6	4
B부동산	20	8	4
C부동산	70	10	2

① 5.0%　　　　② 5.2%

③ 5.4%　　　　④ 5.9%

⑤ 6.0%

23 화폐의 시간가치에 내용이다. 옳은 것은?

① 일시불의 내가계수, 연금의 내가계수, 저당상수에 관한 공식은 미래가치를 구하기 위한 공식이다.

② 원금에 대한 이자뿐만 아니라 이자에 대한 이자도 함께 계산하는 것은 단리 방식이다.

③ 5년 후 주택구입에 필요한 자금 3억 원을 모으기 위해 매월 말 불입해야 하는 적금액을 계산하려면, 3억 원에 연금의 현재가치계수(월 기준)를 곱하여 구한다.

④ 10년 후에 1억 원이 될 것으로 예상되는 토지의 현재가치를 계산할 경우 일시불의 현재가치계수를 사용한다.

⑤ 연금의 미래가치계수는 연금의 현재가치계수의 역수이다.

24 영업수지에 대한 내용 중 틀린 것은?

① 가능총소득에서 공실 및 회수 불가능 임대수입을 제하고 기타소득을 합하면 유효총소득이 된다.

② 순영업소득의 산정과정에서 해당 부동산의 재산세는 차감하나 영업소득세는 차감하지 않는다.

③ 영업경비는 부동산 운영과 직접 관련 있는 경비로, 광고비, 전기료, 수선비가 이에 해당된다.

④ 세전현금흐름은 지분투자자에게 귀속되는 세전소득을 말하는 것으로, 순영업소득에 부채서비스액(원리금상환액)을 가산한 소득이다.

⑤ 세후현금흐름은 세전현금흐름에서 영업소득세를 차감한 소득이다.

25 투자분석에 대한 다음 설명 중 틀린 것은?

① 수익성지수법이나 순현재가치법은 화폐의 시간가치를 고려한 투자결정기법이다.

② 현가회수기간법(present value payback period method)은 화폐의 시간가치를 고려하지 않는다.

③ 자본환원율(capitalization rate)은 화폐의 시간가치를 고려하지 않는다.

④ 회계적 이익률법은 화폐의 시간가치를 고려하지 않는다.

⑤ 할인현금흐름기법이란 부동산투자로부터 발생하는 현금흐름을 일정한 할인율로 할인하는 투자의사결정 기법이다.

② 현가회수기간이란 기간별 현금유입을 현재가치로 할인하여 기간 초의 현금유출을 회수하는 데 걸리는 기간을 의미하므로 화폐의 시간가치를 고려한 개념이다. 이와 달리 단순회수기간법이 화폐의 시간가치를 고려하지 않는 방법이다.

③ 한편, 자본환원율은 화폐의 시간가치를 고려하지 않는 어림셈법 중에서 수익률법에 해당한다. (자본환원율=종합자본환원율=총자본수익률 =투자수익률)

26 이자율과 관련된 다음 내용 중 옳은 것은?

① 시장이자율이 대출약정이자율보다 높아지면 차입자는 기존대출금을 조기상환하는 것이 유리하다.

② CD(양도성예금증서) 연동 주택담보대출은 변동금리부 주택담보대출이다.

③ CD(양도성예금증서)금리가 상승하면 CD금리를 기준금리로 하는 변동금리 주택담보대출의 금리는 반대로 하락한다.

④ 변동금리이자율과 고정금리이자율이 같고 향후 금리상승이 예상되는 경우 차입자는 변동금리 대출이 고정금리 대출보다 유리하다.

⑤ 변동금리부 주택담보대출 이자율의 조정주기가 짧을수록 이자율 변동의 위험은 차입자에서 대출자로 전가된다.

① 시장이자율이 대출약정이자율보다 높아지면 차입자는 기존대출금을 조기상환하는 것이 불리하다.

③ CD(양도성예금증서)금리가 상승하면 CD금리를 기준금리로 하는 변동금리 주택담보대출의 금리는 상승한다.

④ 향후 금리상승이 예상된다면 차입자는 이자율이 상승하는 변동금리방식이 불리하고 이자율이 고정되어있는 고정금리방식이 유리하다.

⑤ 변동금리부 주택담보대출 이자율의 조정주기가 짧을수록 이자율변동의 위험은 대출자에서 차입자로 많이 전가된다.

정답 I   25 ②   26 ②

27 대출금 상환방식에 대한 다음 내용 중 틀린 것은?

① 원금균등상환방식의 경우, 매 기간에 상환하는 원리금 상환액과 대출잔액이 점차적으로 감소한다.

② 대출기간 초기에는 원금균등분할상환방식의 원리금이 원리금균등분할상환방식의 원리금보다 많다.

③ 대출자 입장에서는 차입자에게 원리금균등분할상환방식보다 원금균등분할상환방식으로 대출해주는 것이 원금회수측면에서 보다 안전하다.

④ 차입자가 대출액을 중도상환할 경우 원금균등상환방식은 원리금균등상환방식보다 대출잔액이 적다.

⑤ 원금균등상환방식은 원리금균등상환방식에 비해 전체 대출기간 만료 시 누적원리금상환액이 더 크다.

체크 Plus★★

⑤ 원금균등상환방식이 원리금균등상환방식에 비해 초기에 원금을 더 많이 상환하는 경우이므로 전체 대출기간 만료 시까지 누적이자가 작아서 누적원리금상환액이 더 작다.

28 가격이 10억 원인 아파트를 구입하기 위해 4억 원을 대출받았다. 대출이자율은 연리 7%이며, 20년간 원리금 균등분할상환방식으로 매년 상환하기로 하였다. 첫 회에 상환해야 할 원금은? (단, 연리 7%, 기간 20년의 저당상수는 0.094393이며, 매기 말에 상환한다)

① 8,655,000원 　　　② 8,554,100원

③ 8,753,200원 　　　④ 9,567,300원

⑤ 9,757,200원

체크 Plus★★★

문제에서 구해야하는 금액은 원금상환액이다. 주어진 저당상수를 통해 먼저 원리금상환액을 구한 후 첫 회에 지불해야할 이자상환액을 구해 차감하면 첫 회에 지불하는 원리금상환액 중 원금상환액을 구할 수가 있다.

- 원리금상환액=4억 원×0.094393 =0.377572억 원
- 첫 회 이자 상환액=4억 원×0.07=0.28억 원
- 첫 회 원금 상환액=0.377572억 원−0.28억 원 =0.097572억 원

29 자산(채권)의 유동화에 대한 내용 중 <u>틀린</u> 것은?

① 부동산 개발관련 대출채권이 증권화되면서 개발사업의 자금조달방법이 다양해지고 있다.

② 제2차 저당대출시장은 저당대출을 원하는 수요자와 저당대출을 제공하는 금융기관으로 형성되는 시장을 말하며, 주택담보대출시장이 여기에 해당한다.

③ 2차 주택저당 대출시장은 특별목적회사(SPC)를 통해 투자자로부터 자금을 조달하여 주택자금 대출기관에 공급해주는 시장을 말한다.

④ 주택저당증권(MBS)의 발행으로 주택수요자에게 안정적으로 장기대출을 해줄 가능성이 증가한다.

⑤ 주택저당증권(MBS)을 발행하여 주택저당대출의 공급이 늘게 되면 주택수요가 증가할 수 있다.

체크 Plus★★

② 제1차 저당대출시장은 저당대출을 원하는 수요자와 저당대출을 제공하는 금융기관으로 형성되는 시장을 말하며, 주택담보대출시장이 여기에 해당한다.

30 부동산투자회사에 대한 다음 내용 중 옳은 것은?

① 위탁관리 부동산투자회사는 본점 외의 지점을 설치할 수 없다.

② 기업구조조정 부동산투자회사는 모두 증권시장에 상장되어 있다.

③ 자기관리 부동산투자회사의 설립자본금은 10억 원 이상으로 한다.

④ 위탁관리 부동산투자회사의 설립자본금은 3억 원 이상이며 영업인가 후 6개월 이내에 30억 원을 모집하여야 한다.

⑤ 부동산투자회사는 현물출자에 의한 설립이 가능하다.

체크 Plus★★

② 사모(=주주의 비공개모집)도 가능하므로 모두 상장(공모=주주의 공개모집)되는 것은 아니다.

③ 자기관리 부동산투자회사의 설립자본금은 5억 원 이상으로 한다.

④ 영업인가를 받거나 등록한 날부터 6개월(=최저자본금준비기간)이 지난(위탁관리, 기업구조조정) 부동산투자회사의 자본금은 50억 원 이상이 되어야 한다.

⑤ 부동산투자회사는 현물출자에 의한 설립이 불가능하다. 부동산투자회사의 설립은 발기설립의 방법으로 하여야 한다.

31 다음 부동산 마케팅에 대한 내용 중 틀린 것은?

① 시장세분화 전략은 수요자 집단을 인구경제학적 특성에 따라서 세분하고, 그 세분된 시장을 대상으로 상품의 판매 지향점을 분명히 하는 전략이다.

② 표적시장(target market)은 세분화된 시장 중 가장 좋은 시장기회를 제공해 줄 수 있는 특화된 시장이다.

③ 표적시장(target market)선정 전략은 세분화된 수요자 집단에서 경쟁상황과 자신의 능력을 고려하여 가장 자신 있는 수요자 집단을 찾아 선정하는 것을 말한다.

④ 4P MIX전략이란 제품(product), 가격(price), 유통경로(place), 홍보(promotion)의 제측면에서 차별화를 도모하는 전략을 말하며, 주로 상업용 부동산의 마케팅에서 사용되고 있다.

⑤ 마케팅믹스의 가격관리에서 시가정책은 위치, 방위, 층, 지역 등에 따라 다른 가격으로 판매하는 정책이다.

체크 Plus★★

⑤ 마케팅믹스의 가격관리에서 신축가격정책은 위치, 방위, 층, 지역 등에 따라 다른 가격으로 판매하는 정책이다.

- 시가정책 : 각 기업이 경쟁업자와 동일한 가격으로 하든가, 혹은 경쟁업자의 가격을 추종하지 않으면 안 되는 경우에 취하는 가격정책이다.
- 신축가격정책(적응가격전략) : 부동산기업이 같은 자재·시공·설비를 한 경우라도 다른 가격으로 파는 경우를 말한다. 부동산은 개별성·지역성이 강하므로 이 방법이 주로 쓰인다.

32 부동산관리에 내용 중 틀린 것은?

① 간접(위탁)관리방식은 전문적인 계획관리를 통하여 시설물의 노후화를 늦출 수 있는 장점이 있다.

② 간접(위탁)관리방식은 관리업무의 전문성과 합리성을 제고할 수 있는 반면, 기밀유지에 있어서 직접(자치)관리방식보다 불리하다.

③ 건물의 관리에 있어서 재무·회계관리, 시설이용·임대차계약, 인력관리는 위탁하고, 청소를 포함한 그 외 나머지는 소유자가 직접 관리할 경우, 이는 전문(위탁)관리 방식에 해당한다.

④ 부동산의 소유권 관리, 건물 수선 및 유지, 임대차관리 등 제반 부동산 관리업무를 신탁회사가 수행하는 것을 관리신탁이라 한다.

⑤ 처분신탁은 처분방법이나 절차가 까다로운 부동산에 대한 처분업무 및 처분완료 시까지의 관리업무를 신탁회사가 수행하는 것이다.

체크 Plus★

③ 건물의 관리에 있어서 재무·회계관리, 시설이용·임대차계약, 인력관리는 위탁하고, 청소를 포함한 그 외 나머지는 소유자가 직접 관리할 경우, 이는 혼합관리방식에 해당한다.

33 부동산마케팅에서 4P 마케팅믹스(Marketing Mix)전략의 구성요소를 모두 고른 것은?

> ⊙ Product(제품) ⓒ Place(유통경로)
>
> ⓒ Public Relations(홍보) ⓔ Price(가격)
>
> ⓜ Pride(긍지) ⓗ Promotion(판매촉진)

① ⊙, ⓒ, ⓒ, ⓔ

② ⊙, ⓒ, ⓔ, ⓗ

③ ⓒ, ⓔ, ⓜ, ⓗ

④ ⊙, ⓒ, ⓔ, ⓜ

⑤ ⓒ, ⓔ, ⓜ, ⓗ

34 부동산광고에 대한 내용이다. **틀린** 것은?

① 부동산광고는 부동산마케팅활동을 수행하기 위한 수단 중의 하나이다.

② 주택건설사업자는 일정한 기준에 따라 분양광고 등을 하는데 주택 규모, 가격 등을 표기해야 한다.

③ 우편물에 의한 직접광고(direct mail)는 표적 고객을 대상으로 부동산을 광고할 수 있는 수단으로 유용하다.

④ 부동산의 개별성으로 인해 광고의 내용도 개별성을 갖는 것이 일반적이다.

⑤ 신문매체의 안내광고는 이용공간이 크기 때문에 캐치프레이즈, 사진, 상세한 설명문 등을 자유로이 이용할 수 있다.

35 감정평가에 대한 기본적인 내용이다. 틀린 것은?

① 기준시점은 대상물건의 가격조사를 완료한 일자로 한다. 기준시점이 미리 정하여진 때에는, 가격조사가 가능하지 않더라도, 그 일자를 기준시점으로 정할 수 있다.

② 일괄평가란 두 개 이상의 물건이 일체로 거래되거나 대상물건 상호 간 불가분의 관계에 있는 경우에 일괄하여 평가하는 것을 말한다.

③ 하나의 대상물건이라도 가치를 달리하는 부분을 이를 구분하여 감정평가할 수 있다.

④ 감정평가는 기준시점에서의 대상물건의 이용상황(불법적이거나 일시적인 이용은 제외한다) 및 공법상 제한을 받는 상태를 기준으로 한다.

⑤ 조건부평가란 부동산가격의 증감요인이 되는 새로운 상황의 발생을 상정하여 그 조건이 성취되는 경우를 전제로 부동산을 평가하는 것을 말한다.

체크 Plus★★

① 기준시점은 대상물건의 가격조사를 완료한 날짜로 한다. 다만, 기준시점을 미리 정하였을 때에는 그 날짜에 가격조사가 가능한 경우에만 기준시점으로 할 수 있다.

36 가치형성요인과 가치발생요인에 대한 내용 중 틀린 것은?

① 가치형성요인이란 대상물건의 시장가치에 영향을 미치는 일반요인, 지역요인 및 개별요인 등을 말한다.

② 부동산의 가치는 가치발생요인들의 상호결합에 의해 발생한다.

③ 상대적 희소성은 인간의 욕망에 비해 욕망의 충족 수단이 질적·양적으로 한정되어 있어서 부족한 상태를 말한다.

④ 효용(유용성)은 인간의 필요나 욕구를 만족시켜 줄 수 있는 재화의 능력을 말한다.

⑤ 양도가능성(이전성)을 부동산의 가치발생요인으로 포함하는 견해도 있다.

체크 Plus★★

① 가치형성요인이란 대상물건의 경제적 가치에 영향을 미치는 일반요인, 지역요인 및 개별요인 등을 말한다.

37 동일수급권과 관련된 내용 중 <u>틀린</u> 것은?

① 동일수급권이란 대상부동산과 대체·경쟁관계가 성립하고 가치형성에 서로 영향을 미치는 관계에 있는 다른 부동산이 존재하는 권역을 말하며, 인근지역과 유사지역을 포함한다.

② 일반적으로 주거지의 동일수급권은 도심으로 통근이 가능한 지역의 범위와 일치하는 경향이 있으며, 지역적 선호도에 따라 그 범위가 좁아지기도 한다.

③ 성숙도가 낮은 후보지의 동일수급권은 전환 후 용도지역의 동일수급권과 일치하는 경향이 있다.

④ 인근지역의 사회적·경제적·행정적 위치는 고정적인 것이 아니라 유동적인 것이다.

⑤ 인근지역의 생애주기를 성장기, 성숙기, 쇠퇴기, 천이기, 악화기 등으로 구분할 때 가격수준은 성숙기에 최고에 이른다.

체크 Plus★★

③ 성숙도가 낮거나 전환이 느린 경우 후보지의 동일수급권은 전환 전(前) 용도지역의 동일수급권과 일치하는 경향이 있다.

38 보기와 관련이 깊은 부동산가격원칙은?

> • 경제적 감가 – (㉠)　　• 기능적 감가 – (㉡)
> • 기준시점의 근거 – (㉢)

① ㉠ 변동의 원칙　㉡ 균형의 원칙　㉢ 적합의 원칙

② ㉠ 균형의 원칙　㉡ 적합의 원칙　㉢ 변동의 원칙

③ ㉠ 적합의 원칙　㉡ 균형의 원칙　㉢ 변동의 원칙

④ ㉠ 기여의 원칙　㉡ 균형의 원칙　㉢ 대체의 원칙

⑤ ㉠ 적합의 원칙　㉡ 대체의 원칙　㉢ 기여의 원칙

체크 Plus★★

③ 각각 ㉠ 적합의 원칙, ㉡ 균형의 원칙, ㉢ 변동의 원칙에 해당한다.

39 감정평가 산식의 (㉠)과 (㉡)에 들어갈 내용으로 옳은 것은?

> - 적산임료=(㉠)×기대이율+필요제경비
> - 수익가액=$\dfrac{순수익}{(~㉡~)}$

① ㉠ 기초가액   ㉡ 환원율

② ㉠ 기대가액   ㉡ 환원율

③ ㉠ 재조달원가   ㉡ 환원율

④ ㉠ 조성가액   ㉡ 환원율

⑤ ㉠ 기초가액   ㉡ 기대율

체크 Plus*

① ㉠ 기초가액, ㉡ 환원율

40 원가법에 의한 대상물건의 적산가액은? (단, 주어진 조건에 한함)

> - 신축에 의한 사용승인시점 : 2××6. 9. 20.
> - 기준시점 : 2××8. 9. 20.
> - 사용승인시점의 신축공사비 : 5억 원 (신축공사비는 적정함)
> - 공사비 상승률 : 매년 전년대비 5%씩 상승
> - 경제적 내용년수 : 50년
> - 감가수정방법 : 정액법
> - 내용년수 만료 시 잔존가치 없음

① 529,200,000원   ② 560,335,000원

③ 580,432,000원   ④ 630,325,000원

⑤ 645,384,000원

체크 Plus***

적산가액=㉠ 재조달원가－㉡ 감가누계액
=551,250,000원－22,050,000원=529,200,000원

㉠ 재조달원가=신축공사비(500,000,000원)×건축비상승률(1.05)²=551,250,000원

㉡ 감가누계액=11,025,000원(매년 감가액)×2년
=22,050,000원

매년 감가액=$\dfrac{재조달원가(551,250,000원)}{경제적~내용~연수(50년)}$
=11,025,000원

공인중개사 1차
국가자격시험

교시	문제형별	시험과목	회차
1교시	B	① 부동산학개론	제4회

★ 초급　★★ 중급　★★★ 고급으로 문제의 난이도를 표시한 것임.

01 부동산학과 부동산의 개념에 대한 설명이다. 옳은 것은?

① 부동산학의 일반원칙으로서 안전성의 원칙은 소유활동에 있어서 최유효이용을 지도원리로 삼고 있다.

② 복합개념의 부동산이란 부동산을 법률적·경제적·기술적 측면 등이 복합된 개념으로 이해하는 것을 말한다.

③ 토지와 건물이 각각 독립된 거래의 객체이면서도 마치 하나의 결합된 상태로 다루어져 부동산활동의 대상으로 인식될 때 이를 복합건물이라 한다.

④ 좁은 의미의 부동산과 의제부동산(준부동산)을 합쳐 복합부동산이라 부른다.

⑤ 법률적 개념의 부동산은 자산·생산요소·상품·위치·환경·소유권 및 그 이외의 권리 등을 지칭한다.

체크 Plus★

① 안전성 → 능률성 : 능률성의 원칙 중 소유활동의 능률화에 해당한다.

③ 복합건물 → 복합부동산

④ 좁은 의미의 부동산과 의제부동산(준부동산)을 합쳐 광의의 부동산이라 한다.

⑤ · 자산·생산요소·상품 : 경제적 개념
　· 위치·환경 : 기술적(물리적) 개념

⊕PLUS

경제적 개념	생산요소, 자본, 생산재, 소비재, 상품, 자산
기술적(물리적) 개념	자연, 위치, 공간, 환경

02 위치와 위치가치에 대한 내용이다. 옳은 것은?

① 위치는 절대적 위치와 상대적 위치가 있다. 부동산 간에는 절대적 위치에 따라 효용성에서 차이가 있으며, 효용성이 유사한 부동산 간에는 상호대체관계가 인정된다.

② 부동산 입지선정은 주변의 이용상황에 따라 결정되는 경제적 위치(상대적 위치)와 부지 자체의 물리적 위치(절대적 위치)를 고려하여 결정한다.

③ 위치적 위험(locational risk)이란 환경이 변하면 대상 부동산의 절대적 위치가 변화하는 위험이다.

④ 대상 물건이 위험이나 혐오의 대상이 아니라면 접근성이 좋으면 좋을수록 위치로서 유리하다.

⑤ 공공용부동산의 위치에 대한 평가는 주민의 편리성, 공익성, 주변경관과 안식, 인구의 사회적 지위 등이 그 판단기준이 된다.

체크 Plus★★

① 절대적 위치 → 상대적 위치

③ 위치적 위험은 환경이 변하면 대상 부동산의 상대적 위치가 변화하는 위험이다.

④ 대상 물건이 위험이나 혐오의 대상이 아니라고 할지라도 접근의 정도가 지나치면 오히려 감가요인이 되기도 한다. 예 시장안의 주택

⑤ 공공용부동산의 위치에 대한 평가에는 '인구의 사회적 지위'와는 직접 관련되지 않는다.

03 토지용어에 대한 내용이다. 옳은 것은?

① 「공간정보의 구축 및 관리 등에 관한 법률」상 하나의 지번을 가진 토지의 등록단위를 의미하는 용어는 필지(筆地)이다.

② 획지(劃地)는 하나의 지번을 가진 토지등기의 한 단위를 말한다.

③ 나지는 지목이 대로 설정된 토지이다.

④ 부지(敷地)는 건부지 중 건물을 제하고 남은 부분의 토지로, 건축법령에 의한 건폐율 등의 제한으로 인해 필지 내에 비어있는 토지를 말한다.

⑤ 포락지(浦落地)는 소유권이 인정되지 않는 바다와 육지 사이의 해변 토지를 말한다.

체크 Plus*

② 필지는 하나의 지번을 가진 토지등기의 한 단위를 말한다.

③ 단지 「나지」라고 해서 지목이 꼭 「대」인 것은 아니다.

④ 공지(空地)는 건부지 중 건물을 제하고 남은 부분의 토지로, 건축법령에 의한 건폐율 등의 제한으로 인해 필지 내에 비어있는 토지를 말한다.

⑤ 빈지(濱地)는 소유권이 인정되지 않는 바다와 육지 사이의 해변 토지를 말한다.

04 수요량의 변화와 수요의 변화에 대한 다음 내용 중 틀린 것은?

① 인구의 감소라는 요인으로 수요곡선 자체가 이동하는 것은 수요의 변화이다.

② 아파트와 단독주택의 관계가 대체재라고 가정할 때 아파트의 가격이 상승하면, 단독주택의 수요가 증가하고 단독주택의 가격은 상승한다.

③ 다른 요인은 일정하다고 가정할 때 주택거래규제의 완화는 수요와 공급을 모두 증가시킬 수 있는 요인이며, 모기지대출(mortgage loan)금리의 하락은 수요의 증가요인이다.

④ 다른 요인은 일정하다고 가정할 때 대체재가격의 하락은 수요곡선을 좌하향으로 이동시킬 수 있는 요인이다.

⑤ 정부가 저소득층 임차가구에게 임대료보조금을 지급하면 해당 주거서비스가 정상재인 한, 주거서비스 소비가 감소한다.

체크 Plus**

⑤ 정부가 저소득층 임차가구에게 임대료보조금을 지급하면 해당 주거서비스가 정상재인 한, 주거서비스 소비가 증가한다.

정답 l   03 ①   04 ⑤

05 아파트 매매가격이 12% 상승함에 따라 다세대주택의 매매수요량이 6% 증가하고 아파트 매매수요량이 3% 감소한 경우에, 아파트 매매수요의 가격탄력성(A), 다세대주택 매매수요의 교차탄력성(B), 아파트에 대한 다세대주택의 관계(C)는? (단, 수요의 가격탄력성은 절대값으로 표시하며, 다른 조건은 불변이라고 가정함)

① A : 0.20, B : 0.30, C : 보완재

② A : 0.22, B : 0.42, C : 대체재

③ A : 0.23, B : 0.45, C : 보완재

④ A : 0.25, B : 0.50, C : 대체재

⑤ A : 0.27, B : 0.52, C : 독립재

체크 Plus★★★

- A : 아파트 매매 수요의 가격탄력성
  $=(-)\dfrac{(-)3\%}{12\%}=0.25$
- B : 다세대주택 매매 수요의 교차탄력성
  $=\dfrac{6\%}{12\%}=0.50$

⊕PLUS

아파트가격 상승에 따라 아파트 수요량을 감소시키면서 대신 다세대주택에 대한 수요량을 증가시켰으므로 두 재화는 대체재 관계에 해당한다. 또한 아파트 매매가격에 대한 다세대주택 매매 수요의 교차탄력성이 0.5로서 0보다 크므로 두 재화는 대체재 관계에 해당한다.

06 A지역의 오피스텔 시장공급량(Q_s)이 4P이고, A지역의 오피스텔 시장수요함수가 $Q_{d1}=1,100-P$에서 $Q_{d2}=1,500-P$로 변화하였다. 이 때 A지역 오피스텔 시장의 균형가격의 변화는? (단, P는 가격, Q_{d1}과 Q_{d2}는 수요량이며, 다른 조건은 일정하다고 가정함)

① 70 상승   ② 80 상승

③ 90 상승   ④ 100 상승

⑤ 120 상승

체크 Plus★★

- 변화 전 : $Q_s=4P$와 $Q_{d1}=1,100-P$가 같아야 함.
  $4P=1,100-P$
  $5P=1,100$
  $P=220$
- 변화 후 : $Q_s=4P$와 $Q_{d2}=1,500-P$가 같아야 함.
  $4P=1,500-P$
  $5P=1,500$
  $P=300$

정답 I   05 ④   06 ②

07 우하향하는 수요곡선과 우상향하는 공급곡선을 갖는 아파트시장에서 수요가 증가하고 공급이 감소한다고 할 때, 나타나는 결과는? (단, 다른 조건은 일정하다고 가정함)

① 균형가격은 하락하고, 균형거래량은 증가한다.

② 균형가격은 하락하고, 균형거래량은 변화를 알 수 없다.

③ 균형가격은 하락하고, 균형거래량은 감소한다.

④ 균형가격은 상승하고, 균형거래량은 변화를 알 수 없다.

⑤ 균형가격은 알 수 없고, 균형거래량은 증가한다.

체크 Plus★★

수요증가는 가격상승과 수급량증가, 공급감소는 가격상승과 수급량감소 효과를 가져오며 균형가격은 반드시 상승하나 균형거래량은 상대적 크기에 따라 결정될 것이므로 여기서는 크기가 주어지지 않아 그 변화를 알 수 없다.

08 부동산경기에 대한 다음 내용 중 **틀린** 것은?

① 부동산경기는 일반경기와 마찬가지로 순환국면이 명백하거나 일정치 않다.

② 부동산시장에 영향을 미치는 요인 중 하나로, 불황과 물가상승이 동시에 나타나는 현상은 스태그플레이션(stagflation)에 해당한다.

③ 건축허가면적과 미분양물량은 부동산 경기변동을 측정할 수 있는 지표로 활용될 수 있다.

④ 부동산경제를 구성하고 있는 각 부문에서 순환적 변동을 비롯한 계절적, 장기적, 무작위적 변동이 나타난다.

⑤ 금년 12월에 건축허가량이 다른 달에 비해 줄어드는 현상이 나타나고 있다면 이는 계절변동에 해당하는 사례이다.

체크 Plus★★

⑤ 금년 12월 → 매년 12월 : 매년 반복되어야 계절적 변동에 해당한다.

스태그플레이션(stagflation)은 불황(경기침체 : stagnation)과 인플레이션(inflation)의 합성어이다.

정답 I   07 ④   08 ⑤

09 레일리(W.Reilly)의 소매인력법칙을 적용할 경우, 다음과 같은 상황에서 (   )에 들어갈 숫자로 옳은 것은? (근사치를 구한다)

> - 인구가 10만 명인 A시와 5만 명인 B시가 있다. A시와 B시 사이에 인구 10만 명의 신도시 C가 들어섰다. 신도시 C로부터 A시, B시까지의 직선거리는 각각 1km, 2km이다.
> - 신도시 C의 인구 중 비구매자는 없고 A시, B시에서만 구매활동을 한다고 가정할 때, 신도시 C의 인구 중 A시로의 유인 규모는 (㉠)명이고, B시로의 유인 규모는 (㉡)명이다.

① ㉠ : 89,999 ㉡ : 10,001

② ㉠ : 88,889 ㉡ : 11,111

③ ㉠ : 87,778 ㉡ : 12,222

④ ㉠ : 86,667 ㉡ : 13,333

⑤ ㉠ : 85,556 ㉡ : 14,444

체크 Plus★★★

- A시 유인력$=\dfrac{100,000}{1^2}=100,000$

- B시 유인력$=\dfrac{50,000}{2^2}=\dfrac{50,000}{4}=12,500$

- A시 유인비율$=\dfrac{100,000}{112,500}=$약 0.8889

- B시 유인비율 $=\dfrac{12,500}{112,500}=$약 0.1111

- A시 유인규모=100,000명×약 0.8889=88,889명

- B시 유인규모=100,000명×약 0.1111=11,111명

10 상권에 대한 내용이다. 틀린 것은?

① 상권은 점포의 매출이 발생하는 구역을 정의하는 공간 개념으로 상품이나 서비스의 종류에 따라 규모가 다르다.

② 회귀모형은 특정 부지의 소매점포의 성과에 영향을 미치는 인자들을 결정하기 위해 사용될 수 있는 접근법 중 하나이다.

③ 넬슨(R. Nelson)은 특정 점포가 최대 이익을 얻을 수 있는 매출액을 확보하기 위해서 어떤 장소에 입지하여야 하는지를 제시하였다.

④ 우유, 맥주 등의 편의품은 일상생활에 필요한 필수품이기 때문에, 상품의 도달거리가 선매품인 디지털 TV보다 멀다.

⑤ 허프의 확률적 상권모형에 따를 경우, 공간(거리)마찰계수의 값이 2라면 상점의 고객유인력은 매장규모에 비례하고 거리의 제곱에 반비례한다.

체크 Plus★★

④ 우유, 맥주 등의 편의품은 일상생활에 필요한 필수품이기 때문에, 상품의 도달거리가 선매품인 디지털 TV보다 가깝다.

11 점포의 유형에 대한 다음 내용 중 옳은 것은?

① 잡화점, 세탁소 등과 같은 업종은 가구점, 공구상 등과 같은 업종에 비해서 한 곳에 모여 있는 경향이 있다.

② 집재성(集在性) 점포는 같은 업종이 서로 모여 입지해야 유리한 유형의 점포이다.

③ 전문품점(專門品店)은 여러 상점들을 상호 비교한 후에 구매하는 상품을 취급하는 점포이다.

④ 집재성(集在性) 점포는 동일 업종의 점포끼리 국부적 중심지에 입지해야 유리한 유형의 점포이다.

⑤ 선매품점(選買品店)은 구매의 노력과 비용에 크게 구애받지 않고 수요자의 취미·기호 등에 따라 구매하는 상품을 취급하는 점포이다.

체크 Plus★★

① 한 곳에 모여있는 → 분산입지하는 : 잡화점, 세탁소 등은 산재성 점포이며 가구점, 공구상 등은 집재성 점포이다.

③ 선매품점(選買品店)은 여러 상점들을 상호 비교한 후에 구매하는 상품을 취급하는 점포이다.

④ 집재성(集在性) 점포 → 국부적(局部的) 집중성(集中性) 점포(또는 이심적 집재성 점포)

⑤ 전문품점(專門品店)은 구매의 노력과 비용에 크게 구애받지 않고 수요자의 취미·기호 등에 따라 구매하는 상품을 취급하는 점포이다.

12 지대이론에 대한 다음 내용 중 틀린 것은?

① 마샬(A.Marshall)은 일시적으로 토지의 성격을 가지는 기계, 기구 등의 생산요소에 대한 대가를 파레토지대로 정의하였다.

② 튀넨(von Thünen)의 입지이론에 따르면 토지의 비옥도가 동일하더라도 위치에 따라 지대의 차이가 날 수 있다.

③ 튀넨(J.H.von Thünen)은 완전히 단절된 고립국을 가정하여 이곳의 작물재배활동은 생산비와 수송비를 반영하여 공간적으로 분화된다고 보았다.

④ 위치지대설에서 지대함수는 중심지에서 거리가 멀어짐에 따라 지대가 점점 감소하는 함수이다.

⑤ 리카도(D.Ricardo)의 차액지대설에서는 지대 발생원인을 농토의 비옥도에 따른 농작물 수확량의 차이로 파악한다.

체크 Plus★★

① 마샬은 일시적으로 토지의 성격을 가지는 기계, 기구 등의 생산요소에 대한 대가를 준지대로 정의하였다.

정답 I   11 ②   12 ①

13 도시공간구조이론에 대한 다음 내용 중 옳은 것은?

① 동심원설에 의하면 중심지와 가까워질수록 범죄, 빈곤 및 질병이 적어지는 경향을 보인다.

② 호이트(H. Hoyt)의 선형이론에 따르면 주택지불능력이 낮을수록 고용기회가 많은 도심지역과 접근성이 양호한 지역에 주거입지를 선정하는 경향이 있다.

③ 동심원이론에 의하면 점이지대는 고소득층 주거지역보다 도심에 가깝게 위치한다.

④ 호이트(H. Hoyt)는 저소득층의 주거지가 형성되는 요인으로 도심과 부도심 사이의 도로, 고지대의 구릉지, 주요 간선도로의 근접성을 제시하였다.

⑤ 다핵심이론에서는 다핵의 발생요인으로 유사활동간 분산지향성, 이질활동간 입지적 비양립성 등을 들고 있다.

체크 Plus★★

① 중심지 인근지역에 저소득층 주거지역이 형성되므로 범죄, 빈곤 및 질병이 많아지는 경향을 보인다.

② 호이트(H. Hoyt)의 선형이론 → 버제스의 동심원이론

④ 호이트는 고소득층의 주거지가 형성되는 요인으로 도심과 부도심 사이의 도로, 고지대의 구릉지, 주요 간선도로의 근접성을 제시하였다.

⑤ 분산지향성 → 집적지향성

14 외부효과에 대한 내용이다. 틀린 것은?

① 외부효과란 어떤 경제활동과 관련하여 거래당사자가 아닌 제3자에게 의도하지 않은 혜택이나 손해를 가져다주면서도 이에 대한 대가를 받지도 지불하지도 않는 상태를 말한다.

② 외부효과에는 외부경제와 외부불경제가 있다.

③ 부동산의 부동성과 연속성(인접성)은 외부효과와 관련이 있다.

④ 새로 조성된 공원이 쾌적성이라는 정(+)의 외부효과를 발생시키면, 공원 주변 주택에 대한 수요곡선이 좌측으로 이동하게 된다.

⑤ 인근지역에 쓰레기 소각장을 설치하면 아파트 시장에 부(−)의 외부효과가 발생할 것이다.

체크 Plus★

④ 주변에 정(+)의 외부효과를 일으키는 공원이 생기면 주택의 수요는 증가하므로 주택의 수요곡선은 우측으로 이동한다.

15

정부의 부동산정책에 대한 내용이다. 틀린 것은?

① 정부는 부동산자원의 최적사용이나 최적배분을 위하여 부동산시장에 개입할 수 있다.

② 국토의 계획 및 이용에 관한법률에 의한 용도지역은 토지를 경제적·효율적으로 이용하고 공공복리의 증진을 도모하기 위하여, 서로 중복되지 아니하게 도시관리계획으로 결정하는 지역을 말한다.

③ 지역지구제의 목적은 토지이용에 수반되는 정(+)의 외부효과를 제거하거나 감소시키는데 있다.

④ 토지거래계약에 관한 허가구역은 토지의 투기적인 거래가 성행하거나 지가가 급격히 상승하는 지역을 대상으로 지정될 수 있다.

⑤ 개발제한구역의 지정은 개발가능토지의 감소로 인해 주변 지역의 지가와 주택가격의 상승을 유발시킬 우려가 있다.

체크 Plus★★

③ 지역지구제의 목적은 토지이용에 수반되는 부(−)의 외부효과를 제거하거나 감소시키는데 있다.

16

임대료 보조에 대한 내용 중 틀린 것은?

① 임대료 보조금 지급은 저소득층의 주거여건 개선에 기여할 수 있다.

② 주거급여는 국민기초생활 보장법상 수급자에게 주거안정에 필요한 임차료, 유지수선비 등을 지급하는 것을 말한다.

③ 임대료 보조는 다른 조건이 같을 경우 임대주택의 수요를 증가시킨다.

④ 임대료 보조를 받은 저소득층의 주택소비가 증가하는 이유는 소득효과와 대체효과 때문이다.

⑤ 임대료보조금이 지급된다고 하더라도, 다른 조건이 일정할 경우 저가주택의 임대료가 장기적으로는 원래 수준으로 회귀하므로, 시장 전체의 저가주택 공급량이 늘어나는 것은 아니다.

체크 Plus★★

• 장기적으로 전체주택 중에서 저가주택 공급량은 증가한다. 고가주택이 하향여과를 통해 공급되기 때문이다.

• 저소득층 인구증가 또는 정부의 주택보조금 지급 등으로 말미암아 저가주택에 대한 수요의 증가가 일어나 임대료가 상승하는 경우 고가주택이 하향여과를 통해 저가주택시장에 공급된다.

• 고가주택의 하향여과는 임대료의 상승분이 저가주택으로 전환하는 데에 따른 전환비용보다 클 경우에는 계속 진행한다. 이에 따라 장기적으로 시장 전체에서 저가주택 공급량은 증가한다.

17 정부의 주택정책에 대한 내용이다. **틀린** 것은?

① 장기공공임대주택은 공공부문이 시장임대료보다 낮은 수준의 임대주택을 공급하는 것이다.

② 정부나 지방자치단체가 공급하고 있는 임대주택의 유형에는 건설임대주택, 매입임대주택, 장기전세주택이 있다.

③ 저소득층의 주거와 사회복지서비스를 연계시켜 서민 주거안정과 자활을 유도하기 위해 다가구주택 매입임대주택사업을 시행하고 있다.

④ 장기전세주택이란 국가, 지방자치단체, 한국토지주택공사 또는 지방공사가 임대할 목적으로 건설 또는 매입하는 주택으로서 20년의 범위에서 전세계약의 방식으로 공급하는 임대주택을 말한다.

⑤ 공공임대주택 공급정책은 입주자가 주거지를 자유롭게 선택할 수 있는 것이 장점이다.

18 다음 정부의 조세부과에 따른 내용 중 옳은 것은? (단, 주택수요의 가격탄력성은 비탄력적이다.)

① 수요곡선이 변하지 않을 때, 세금부과에 의한 경제적 순손실은 공급이 비탄력적일수록 커진다.

② 양도소득세가 중과되기 전보다 중과 후 주택거래량이 늘어날 것이다.

③ 양도소득세의 중과 후에 매수인(수요자)이 지불하는 가격은 양도소득세가 중과되기 전보다 낮아진다.

④ 주택의 공급곡선이 완전비탄력적일 경우 주택에 부과되는 재산세는 전부 수요자에게 귀착한다.

⑤ 헨리 조지는 토지에서 나오는 지대수입을 100% 징세할 경우, 토지세 수입만으로 재정을 충당할 수 있다고 주장했다.

19 다음은 위험을 관리하는 내용이다. **틀린** 것은?

① 위험을 회피하는 방법으로 투자의 부적격 자산을 투자 안에서 제외시킨다.

② 차입자에게 고정금리대출을 실행하면 대출자의 인플 레이션 위험은 낮아진다.

③ 산출된 기대수익률의 하향 조정을 통해 투자의사결정 을 보수적으로 함으로써 위험관리를 할 수 있다.

④ 위험조정할인율은 장래 기대되는 수익을 현재가치로 환원할 때 위험에 따라 조정된 할인율이다.

⑤ 수익성에 결정적인 영향을 주는 변수들에 대해서는 감 응도 분석을 하기도 한다.

20 기대수익률–위험 평면에서 투자자산들을 보여주고 있는 그림과 관련된 내용 중 **틀린** 것은? (단, 투자자산은 A, B, C, D, E만 존재하며, 투자자는 위험회피형으로서 기대수익 률과 위험을 기준으로 투자의사결정을 한다고 가정한다.)

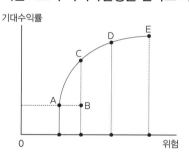

① A와 E에 각각 50%씩 'A+E' 포트폴리오의 기대수익률 은 A와 C에 각각 50%씩 투자한 'A+C' 포트폴리오의 기대수익률보다 높다.

② 'A+C' 포트폴리오의 분산효과보다 'A+C+E' 포트폴 리오의 분산효과가 더 크다.

③ 투자자들은 투자자산 A와 B 중에서 하나를 선택한다 면 A를 선택하게 된다.

④ 투자자산 A, C, D, E를 연결한 곡선을 효율적 프론티 어(efficient frontier)라고 한다.

⑤ C를 선택하는 투자자보다 E를 선택하는 투자자가 더 공격적인 투자자이며 투자자의 무차별곡선의 접선의 기울기는 E를 선택하는 투자자가 더 가파르다.

21 4년 후 1억 원의 현재가치는? (단, 주어진 조건에 한함)

- 할인율 : 연 5%(복리 계산)
- 최종 현재가치 금액은 십만 원 자리 반올림함

① 8,000만 원   ② 8,200만 원

③ 8,800만 원   ④ 9,200만 원

⑤ 9,400만 원

22 (   )에 들어갈 내용으로 옳게 나열된 것은?

임대단위당 연간예상임대료×임대단위수
= 가능총소득
  −공실 및 불량부채액
  +(A)
= 유효총소득
  −(B)
= 순영업소득
  −(C)
= 세전현금흐름
  −영업소득세
= 세후현금흐름

① A : 기타소득   B : 영업경비   C : 부채서비스액

② A : 부채서비스액 B : 영업경비   C : 기타소득

③ A : 영업경비   B : 기타소득   C : 부채서비스액

④ A : 영업경비   B : 부채서비스액 C : 기타소득

⑤ A : 부채서비스액 B : 기타소득   C : 영업경비

정답 I   21 ②   22 ①

23 투자분석기법에 대한 다음 내용 중 틀린 것은?

① 순현가(NPV)는 장래에 발생할 수입의 현가 총액에서 비용의 현가 총액을 차감한 금액이다.

② 순현가법을 이용한 투자타당성분석에서 선택되는 할인율은 투자주체에 따라 달라진다.

③ 순현가법과 내부수익률법에서는 투자판단기준을 위한 할인율로써 요구수익률을 사용한다.

④ 수익성지수(PI)는 투자로 인해 발생하는 현금유입의 현가를 현금유출의 현가로 나눈 비율이다.

⑤ 수익성지수가 1보다 큰 투자안은 투자가치가 있다고 할 수 있다.

체크 Plus★★

③ 순현가법과 수익성지수법은 요구수익률을 할인율로 사용한다. 이에 비해 내부수익률법은 내부수익률을 할인율로 사용한다.

24 비율분석법에 대한 내용이다. 틀린 것은?

① 대부비율(loan to value)이 높아질수록 투자안의 부채비율(debt to equity)도 높아진다.

② 부채감당률(debt service coverage ratio)은 부채서비스액(debt service)을 부동산투자에서 창출되는 순영업소득으로 어느 정도 충당할 수 있는지 측정하는 지표다.

③ 부채감당률(debt service coverage ratio)이 1보다 작다는 것은 순영업소득이 매기간의 원리금 상환액을 감당하기에 부족하다는 것을 의미한다.

④ 채무불이행률은 유효총소득이 영업경비와 부채서비스액을 감당할 수 있는 능력이 있는지를 측정하는 비율이며, 채무불이행률을 손익분기율이라고도 한다.

⑤ 회수기간은 투자시점에서 발생한 비용을 회수하는 데 걸리는 기간을 말하며, 회수기간법에서는 투자안 중에서 회수기간이 가장 장기인 투자안을 선택한다.

체크 Plus★★

⑤ 회수기간은 투자시점에서 발생한 비용을 회수하는 데 걸리는 기간을 말하며, 회수기간법에서는 투자안 중에서 회수기간이 가장 단기인 투자안을 선택한다.

25 수익성지수(Profit Index)법에 의한 부동산사업의 투자분석으로 틀린 것은? (단, 사업기간은 모두 1년, 할인율은 연 10%이며, 주어진 조건에 한함)

사업	사업 현금지출	현금유입
A	100만 원	130만 원
B	130만 원	150만 원
C	160만 원	200만 원
D	190만 원	220만 원

① A사업은 B사업의 수익성지수보다 크다.

② C사업은 D사업의 수익성지수보다 크다.

③ A사업에만 투자하는 경우는 A와 B사업에 투자하는 경우 보다 수익성지수가 더 크다.

④ D사업에만 투자하는 경우는 C와 D사업에 투자하는 경우 보다 수익성지수가 더 크다.

⑤ 수익성지수가 가장 작은 사업은 B이다.

사업	현금 지출	현금 유입	현금유입의 현가	수익성지수
A	100 만 원	130 만 원	130만 원/1.1 =118.18만 원	118.18만 원/100 만 원=1.1818
B	130 만 원	150 만 원	150만 원/1.1 =136.36만 원	136.36만 원/130 만 원=1.0489
C	160 만 원	200 만 원	200만 원/1.1 =181.81만 원	181.81만 원/160 만 원=1.1363
D	190 만 원	220 만 원	220만 원/1.1 =200.00만 원	200.00만 원/190 만 원=1.0526

- D사업 수익성지수:200만 원/190만 원=1.0526
- C+D사업 수익성지수:(181.81만 원+200.00만 원)/(160만 원+190만 원)=381.81/350=1.0908 따라서 D사업에만 투자하는 경우의 수익성지수가 더 작다.

⊕PLUS

한편, ③은 옳은 내용이다.
- A사업 수익성지수 : 118.18만 원/100만 원=1.1818
- A+B사업 수익성지수 : (118.18만 원+136.36만 원)/(100만 원+130만 원)=254.54/230=1.1066 따라서 A사업에만 투자하는 경우의 수익성지수가 더 크다.

---

26 자금조달방법 중 부채금융(debt financing)을 모두 고른 것은?

⊙ 부동산 신디케이트(syndicate)
ⓒ 자산유동화증권(asset-backed securities)
ⓒ 주택상환사채
ⓔ 공모(public offering)에 의한 증자
ⓜ 조인트벤처(joint venture)

① ⊙, ⓒ   ② ⓒ, ⓒ

③ ⓒ, ⓔ   ④ ⓔ, ⓜ

⑤ ⓒ, ⓜ

- ⓒ 자산유동화증권 : 자동차론, 신용카드채권, 저당대부, 기계설비리스 등 현금수지가 보장되는 자산을 담보로 하여 발행되는 부채증권의 일종으로서 부채금융과 관련된다.
- ⓒ 주택상환사채 : 채권보유자에게 약정된 원금과 이자를 상환하기로 한 부채증권의 일종으로서 부채금융과 관련된다.

27 주택담보대출의 상환방식에 대한 내용이다. 옳은 것은?

① 중도상환 시 차입자가 상환해야 하는 저당잔금은 원리금균등분할상환방식이 원금균등분할상환방식보다 적다.

② 상환 첫 회의 원리금 상환액은 원리금균등상환방식이 원금균등상환방식보다 크다.

③ 원리금균등분할상환방식은 원금균등분할상환방식에 비해 초기 원리금에서 이자가 차지하는 비중이 크다.

④ 통상적으로 원금 만기일시상환 CD연동주택담보대출의 월상환액이 매월 원리금균등분할상환 모기지론의 월상환액보다 큰 편이다.

⑤ 점증상환대출방식(graduated payment mortgage)은 초기에는 차입자의 원금상환부담이 원금균등분할상환방식 및 원리금균등분할상환방식보다 크다.

⊕PLUS

초기 차입자의 원금상환부담 크기는 원금균등상환 〉 원리금균등상환 〉 점증식(체증식)상환 순이다.

28 A씨는 9억 원의 아파트를 구입하기 위해 은행으로부터 4억 원을 대출받았다. 은행의 대출조건이 다음과 같을 때, A씨가 1회차에 상환할 원금과 2회차에 납부할 이자액을 순서대로 나열한 것은? (단, 주어진 조건에 한함)

- 대출금리 : 고정금리, 연 6%
- 대출기간 : 20년
- 저당상수 : 0.087
- 원리금 상환조건 : 원금균등상환방식, 연 단위 매기간 말 상환

① 10,200,000원, 22,321,000원

② 10,800,000원, 23,352,000원

③ 11,800,000원, 24,531,000원

④ 12,600,000원, 25,452,000원

⑤ 13,760,000원, 27,325,000원

29 다음 유동화증권에 대한 내용 중 **틀린** 것은?

① 저당대출자동이체채권(MPTB)은 하나의 저당집합에서 만기와 이자율을 다양화하여 발행한 여러 종류의 채권을 말한다.

② CMO(collateralized mortgage obligation)의 발행자는 주택저당채권 집합물의 소유권을 갖는다.

③ 다계층저당증권(CMO)에서 선순위 증권의 신용등급은 후순위 증권의 신용등급보다 높다.

④ 부동산개발 PF ABS는 부동산개발업체의 개발사업에서 발생하는 수익 등을 기초자산으로 발행되는 자산유동화증권이다.

⑤ 금융기관이 부동산개발업체에게 대출을 실행하고 이 대출채권을 유동화전문회사에 매각하여 자산유동화증권을 발행한다.

30 현행 부동산투자회사법의 내용이다. **틀린** 것은?

① 위탁관리 부동산투자회사 및 기업구조조정 부동산투자회사의 설립자본금은 5억 원 이상으로 한다.

② 영업인가를 받거나 등록을 한 날부터 6개월이 지난 기업구조조정 부동산투자회사의 자본금은 50억 원 이상이 되어야 한다.

③ 자기관리 부동산투자회사는 매분기 말 현재 총자산의 100분의 80 이상을 부동산, 부동산 관련 유가증권 및 현금으로 구성하여야 한다.

④ 자기관리 부동산투자회사는 그 설립등기일로부터 10일 이내에 대통령령으로 정하는 바에 따라 설립보고서를 작성하여 국토교통부장관에게 제출하여야 한다.

⑤ 자기관리 부동산투자회사의 경우 주주 1인과 그 특별관계자는 최저자본금 준비기간이 만료된 이후 발행주식총수의 100분의 50 초과가 금지된다.

31

부동산개발사업의 분류상 다음 ( )에 들어갈 내용으로 옳은 것은?

> 토지소유자가 조합을 설립하여 농지를 택지로 개발한 후 보류지 (체비지·공공시설 용지)를 제외한 개발토지 전체를 토지소유자에게 배분하는 방식

• 토지취득방식에 따른 분류 : (㉠)   • 개발 형태에 따른 분류 : (㉡)

① ㉠ : 매수방식   ㉡ : 신개발방식

② ㉠ : 환지방식   ㉡ : 신개발방식

③ ㉠ : 혼용방식   ㉡ : 재개발방식

④ ㉠ : 매수방식   ㉡ : 재개발방식

⑤ ㉠ : 환지방식   ㉡ : 재개발방식

체크 Plus★★

② 각각 ㉠ : 환지방식, ㉡ : 신개발방식에 해당한다.

32

민간투자 사업방식에 대한 내용 중 옳은 것은?

① BOT(build-operate-transfer)방식은 민간사업자가 스스로 자금을 조달하여 시설을 건설하고, 일정기간 소유·운영한 후, 사업이 종료한 때 국가 또는 지방자치단체 등에게 시설의 소유권을 이전하는 것을 말한다.

② BTL(build-transfer-lease)방식은 사업시행자가 시설을 준공하여 소유권을 보유하면서 시설의 수익을 가진 후 일정기간 경과 후 시설소유권을 국가 또는 지방자치단체에 귀속시키는 방식이다.

③ BTO(build-transfer-operate)방식은 민간이 개발한 시설의 소유권을 준공과 동시에 공공에 귀속시키고 민간은 시설관리운영권을 가지며, 공공은 그 시설을 임차하여 사용하는 민간투자 사업방식이다.

④ BTO(build-transfer-operate)방식은 시설의 준공과 함께 사업시행자가 소유권과 운영권을 갖는 방식이다.

⑤ BOT(build-operate-transfer)방식은 시설의 준공과 함께 시설의 소유권이 국가 또는 지방자치단체에 귀속되지만, 사업시행자가 정해진 기간 동안 시설에 대한 운영권을 가지고 수익을 내는 방식이다.

체크 Plus★★

② BOT(build-operate-transfer)에 대한 설명이다.

③ BTL(build-transfer-lease)에 대한 설명이다.

④ BOO(build-own-operate)에 대한 설명이다.

⑤ BTO(build-transfer-operate)에 대한 설명이다.

33 표에서 A지역 부동산 산업의 입지계수(locational quotient)를 구하시오. (근사치를 구한다)

지역별 산업생산액(단위 : 억 원)

지역 산업	A	B	전국
부동산	200	500	700
기타	300	300	600
전체	500	800	1,300

① 0.62
② 0.68
③ 0.74
④ 0.83
⑤ 0.88

체크 Plus★★★

$$\text{LQ} = \frac{\dfrac{\text{당해지역(A)의 특정산업(부동산)에 대한 생산액(200)}}{\text{당해지역(A)의 전산업에 대한 생산액(500)}}}{\dfrac{\text{국가전체의 특정산업(부동산)에 대한 생산액(700)}}{\text{국가전체의 전산업에 대한 생산액(1,300)}}}$$

$$= \frac{200 \times 1,300}{500 \times 700} = 0.74$$

34 부동산시장분석과 관련된 내용이다. 틀린 것은?

① 부동산시장분석과 시장성분석은 동일한 개념으로, 개발부동산의 수요대체성 및 경쟁부동산의 공간적 분포와 밀접한 관련이 있다.

② 시장세분화는 일정한 기준에 의해 주택 수요자를 보다 동질적인 소집단으로 구분하는 것이다.

③ 부동산상품은 표준화가 어렵기 때문에 시장분석이 복잡해진다.

④ 시장성분석은 개발된 부동산이 현재나 미래의 시장상황에서 매매·임대될 수 있는 가능성 정도를 조사하는 것을 말한다.

⑤ 공실률이란 임대 대상부동산이 임대기간 중 임대되지 않고 비어있는 기간의 비율을 의미하기도 한다.

체크 Plus★★

① 시장성분석은 시장분석을 행하고 난 이후에 이루어지므로 서로 동일한 개념은 아니며, 시장성분석은 개발부동산의 수요대체성 및 경쟁부동산의 공간적 분포와 밀접한 관련이 있다.

35 다음은 감정평가방법에 관한 설명이다. (   )에 들어갈 내용으로 옳은 것은?

> • 원가법은 대상물건의 재조달원가에 (㉠)을/를 하여 대상물건의 가액을 산정하는 감정평가방법이다.
> • 수익환원법에서는 장래 산출할 것으로 기대되는 순수익이나 미래의 현금흐름을 환원하거나 (㉡)하여 가액을 산정한다.
> • 거래사례비교법을 적용할 때 (㉢), 시점수정, 가치형성요인 비교 등의 과정을 거친다.

① ㉠ 감가누계   ㉡ 할증   ㉢ 사례보정
② ㉠ 감가수정   ㉡ 할증   ㉢ 사정보정
③ ㉠ 감가수정   ㉡ 할인   ㉢ 사례보정
④ ㉠ 감가수정   ㉡ 할인   ㉢ 사정보정
⑤ ㉠ 감가상각   ㉡ 할증   ㉢ 임료보정

36 다음은 감정평가방법에 관한 설명이다. 내용 중 <u>틀린</u> 것은?

① 적산법은 대상물건의 기초가액에 기대이율을 곱하여 산정된 기대수익에 대상물건을 계속하여 임대하는 데에 필요한 경비를 더하여 대상물건의 임대료를 산정하는 감정평가방법을 말한다.

② 거래사례비교법이란 대상물건과 가치형성요인이 같거나 비슷한 물건의 거래사례와 비교하여 대상물건의 현황에 맞게 사정보정, 시점수정, 가치형성요인 비교 등의 과정을 거쳐 대상물건의 가액을 산정하는 감정평가방법을 말한다.

③ 거래사례비교법은 부동산시장이 불완전하거나 투기적 요인이 있는 경우에는 거래사례의 신뢰성이 문제가 된다.

④ 거래사례비교법은 시장성의 원리에 의한 것으로 실증적이며 설득력이 풍부하다.

⑤ 수익분석법이란 대상물건이 장래 산출할 것으로 기대되는 순수익이나 미래의 현금흐름을 환원하거나 할인하여 대상물건의 가액을 산정하는 감정평가방법을 말한다.

37 표준지 공시지가를 기준으로 주어진 조건에 따라 기준시점 현재의 대상 토지가액을 구하시오. (단, 소수점 이하는 절사한다)

- 표준지 공시지가 : 10,000원/m²
- 공시지가 공시기준일 이후 기준시점까지 지가변동률 : 5%
- 대상토지는 표준지의 인근지역에 소재함
- 개별요인분석표

구분	표준지	대상토지
가로조건	100	90
접근조건	100	100
획지조건	100	105
환경조건	100	100
행정조건	100	110
기타조건	100	100

① 10,914원
② 11,634원
③ 11,754원
④ 11,942원
⑤ 12,114원

38 자본환원율을 구성하는 요소는 다음과 같다. (   ) 안에 들어갈 내용 중에서 이론적으로 가장 거리가 먼 것은?

자본환원율 = (   ) + 자본회수율

① 자본수익률
② 이자율
③ 할인율
④ 기대이율
⑤ 요구수익률

39 수익분석법이란 순수익에 임대차하는데 필요한 비용을 합산하여 대상부동산의 임료를 산정하는 방법을 말한다. 필요제경비에 해당하는 것은?

① 법인세

② 소득세

③ 종합토지세

④ 재산세와 공익비·부가사용료

⑤ 종합소득세

체크 Plus★★

④ 재산세 이외의 조세는 필요경비에 해당되지 않는다. 공익비(공동전기·수도료)와 부가사용료(전용부문전기·수도료)는 임대사업을 위한 필요제경비에 해당된다.

40 다음은 물건별 감정평가에 대한 내용이다. 옳은 것은?

① 토지를 평가하는 공시지가기준법은 표준지공시지가를 기준으로 한다.

② 건물의 평가는 원가법에 의한다. 다만, 원가법에 의한 평가가 적정하지 아니한 경우에는 거래사례비교법 또는 수익환원법에 의할 수 있다.

③ 산림은 산지와 입목을 구분하여 평가하여야 하며, 입목의 평가는 수익환원법에 의하되 소경목림은 거래사례비교법에 의할 수 있다.

④ 영업권의 평가는 수익환원법에 의한다. 다만 수익환원법에 의한 평가가 적정하지 아니한 경우에는, 거래사례비교법 또는 원가법에 의할 수 있다.

⑤ 소음·진동·일조침해 또는 환경오염 등으로 인한 토지 등의 가치하락분에 대하여 평가를 하는 경우에는, 관계 법령에 의한 소음 등의 허용기준은 고려하여야 하나, 원상회복비용은 고려하지 아니한다.

체크 Plus★★

② 건물을 감정평가할 때에 원가법을 적용하여야 한다. 단서는 없다.

③ 산림을 감정평가할 때에 산지와 입목(立木)을 구분하여 감정평가하여야 한다. 이 경우 입목은 거래사례비교법을 적용하되, 소경목림(지름이 작은 나무·숲)인 경우에는 원가법을 적용할 수 있다. 감정평가법인 등은 산지와 입목을 일괄하여 감정평가할 때에 거래사례비교법을 적용하여야 한다.

④ 영업권, 특허권, 실용신안권, 디자인권, 상표권, 저작권, 전용측선이용권, 그 밖의 무형자산을 감정평가할 때에 수익환원법을 적용하여야 한다.

⑤ 소음·진동·일조침해 또는 환경오염 등(소음 등)으로 대상물건에 직접적 또는 간접적인 피해가 발생하여 대상물건의 가치가 하락한 경우 그 가치하락분을 감정평가할 때에는 소음 등이 발생하기 전의 대상물건 가액 및 원상회복비용 등을 고려하여야 한다.

정답 I   39 ④   40 ①

공인중개사 1차
국가자격시험

교시	문제형별	시험과목	회차
1교시	A	① 부동산학개론	제5회

★ 초급　★★ 중급　★★★ 고급으로 문제의 난이도를 표시한 것임.

01 다음은 입지선정과 토지의 분류에 대한 내용이다. 옳은 것은?

① 부동산의 가치에 상당한 영향을 미치는 것은 접근성이지만 농업용부동산에서는 기후, 강수량, 재해위험성 등이 중요하므로 위치관계는 중요하지 않다.

② 부동산의 현재 위치에서의 용도사용이나 다른 용도로의 전환은 주변 토지이용의 상태로 판단하기보다는 토지이용의 주체 의하여 많은 영향을 받게 된다.

③ 일반적으로 주거용은 거주자의 사회환경과 매물습관, 상업용은 배후지를 둘러싼 공익시설의 배치상태, 공업용은 소득수준과 개발비용 등이 부동산의 위치가치의 판단기준이 된다.

④ 택지는 주거·상업·공업용지 등의 용도로 이용되고 있거나 해당 용도로 이용할 목적으로 조성된 토지를 말한다.

⑤ 공지는 일정한 용도로 제공되고 있는 바닥토지를 말하며 하천, 도로 등의 바닥토지에 사용되는 포괄적 용어이다.

체크 Plus★

① 중요하므로 위치관계는 중요하지 않다. → 중요하지만 취락지구와의 거리, 시장 등의 위치관계도 중요하다.

② 부동산의 현재 위치에서의 용도사용이나 다른 용도로의 전환은 토지이용의 주체로 판단하기보다는 주변 토지이용의 상태에 의하여 많은 영향을 받게 된다.

③ 일반적으로 주거용은 사회환경과 공익시설의 배치상태, 상업용은 배후지 거주자의 소득수준과 매물습관, 공업용은 개발비용 등이 부동산의 위치가치의 판단기준이 된다.

⑤ 부지는 일정한 용도로 제공되고 있는 바닥토지를 말한다.

02 토지용어에 대한 설명 중 옳은 것은?

① 표본지는 지가의 공시를 위해 가치형성 요인이 같거나 유사하다고 인정되는 일단의 토지 중에서 선정한 토지를 말한다.

② 빈지(濱地)는 과거에는 소유권이 인정되는 전·답 등이었으나, 지반이 절토되어 무너져 내린 토지로 바다나 하천으로 변한 토지를 말한다.

③ 소지(素地)는 대지 등으로 개발되기 이전의 자연 상태로서의 토지를 말한다.

④ 선하지(線下地)는 도로 아래의 토지로 이용 및 거래의 제한을 받는 경우가 많다.

⑤ 나지는 필지 중 건축물을 제외하고 남은 부분의 토지를 말한다.

체크 Plus★

① 표준지는 지가의 공시를 위해 가치형성 요인이 같거나 유사하다고 인정되는 일단의 토지 중에서 선정한 토지를 말한다.

표본지란 감정평가법인 등이 지가변동률을 산정하는 경우에 기준이 되는 토지를 말한다.

② 포락지(浦落地)에 대한 설명이다.

④ 선하지(線下地)는 고압선 아래의 토지로 이용 및 거래의 제한을 받는 경우가 많다.

⑤ 공지는 필지 중 건축물을 제외하고 남은 부분의 토지를 말한다.

정답 I   01 ④   02 ③

03 부동산의 특성에 대한 내용이다. <u>틀린</u> 것은?

① 토지는 부동성의 특성이 있어서 그 위치에 따라 용도지역지정이 등이 달라지고, 또 그 이용상태도 달라질 수 있다.

② 토지는 영속성이 있어서, 소모를 전제로 하는 재생산이론과 일물일가(一物一價)법칙을 적용할 수 없다.

③ 영속성은 소유이익과 사용이익의 분리 및 임대차시장의 발달 근거가 된다.

④ 토지는 다른 생산물처럼 노동이나 생산비를 투입하여 순수한 그 자체의 양을 늘릴 수 없다.

⑤ 부증성으로 인해 공간수요의 입지경쟁이 발생하기도 하고, 이는 지가상승의 문제를 발생시키기도 한다.

체크 Plus*

② 지문 후반의 일물일가(一物一價)법칙을 적용할 수 없는 것은 토지의 「개별성」 때문이다.

04 주택저량(住宅貯量)과 주택유량(住宅流量)의 개념에 대한 내용 중 맞는 것은?

① 주택유량의 공급량–일정시점에 시장에 공급되는 주택의 양

② 주택저량의 수요량–일정시점에 사람들이 보유하고자 하는 주택의 양

③ 주택저량의 수요량–일정기간에 시장에 존재하는 주택의 양

④ 주택유량의 공급량–일정기간에 사람들이 보유하고자 하는 주택의 양

⑤ 주택유량의 수요량–일정기간에 시장에 존재하는 주택의 양

체크 Plus**

① 주택유량의 공급량–일정기간에 시장에 공급되는 주택의 양

③ 주택저량의 수요량–일정시점에 사람들이 보유하고자 하는 주택의 양

④ 주택유량의 공급량–일정기간에 시장에 공급되는 주택의 양

⑤ 주택유량의 수요량–일정기간에 사람들이 보유하고자 하는 주택의 양

05 다음 부동산수요와 공급의 탄력성에 대한 내용 중 **틀린 것**은?

① 주택수요의 가격탄력성이 완전탄력적인 경우에 공급이 증가하면 균형가격은 변하지 않고 균형거래량은 증가한다.

② 부동산수요가 증가하면, 부동산공급이 비탄력적일수록 시장균형가격이 더 크게 상승한다.

③ 정부가 임대주택공급을 증가시켰을 때 임차수요의 임대료탄력성이 클수록 임대료의 하락 효과가 작아질 수 있다.

④ 다른 조건은 일정할 때 수요의 가격탄력성이 완전비탄력적인 경우에 공급이 증가하면, 균형임대료는 하락하고 균형거래량은 변하지 않는다.

⑤ 주택수요가 감소하면 주택공급이 탄력적일수록 균형가격이 더 크게 하락한다.

06 아파트에 대한 수요의 가격탄력성은 0.5, 소득탄력성은 0.3이고, 오피스텔 가격에 대한 아파트 수요량의 교차탄력성은 0.1이다. 아파트가격, 아파트 수요자의 소득, 오피스텔 가격이 각각 2% 상승할 때, 아파트 전체 수요량의 변화율은? (단, 두 부동산은 모두 정상재이고 서로 대체재이며, 아파트에 대한 수요의 가격탄력성은 절댓값으로 나타내며, 다른 조건은 동일함)

① 0.2% 감소 　　② 0.2% 증가

③ 0.9% 증가 　　④ 1.8% 감소

⑤ 1.8% 증가

07 부동산경기변동에 대한 다음 내용 중 틀린 것은?

① 부동산경기는 지역별로 다르게 변동할 수 있으며 같은 지역에서도 부분시장에 따라 다른 변동양상을 보일 수 있다.

② 부동산가격이 상승할 때를 부동산경기가 좋다고 말하는 것은 이론적으로 틀린 것이 아니다.

③ 부동산경기변동은 건축착공량, 거래량 등으로 확인할 수 있다.

④ 경기변동은 변동요인(factor)에 따라 추세(trend)변동, 순환(cyclical)변동, 계절(seasonal)변동, 불규칙(우발적 : random)변동으로 구성되어 있다.

⑤ 경제성장으로 건축허가량이 지속적으로 증가하고 있다면 이는 추세적 변동이다.

체크 Plus★

② 부동산가격이 상승할 때를 부동산경기가 좋다고 말하는 것은 이론적으로 틀릴 수 있다.

08 다음은 거미집이론에 관한 내용이다. (   )에 들어 모형 형태는? (단, X축은 수량, Y축은 가격을 나타내며, 다른 조건은 동일함)

• 수요의 가격탄력성의 절댓값이 공급의 가격탄력성의 절댓값보다 크면 (㉠)이다.
• 공급곡선의 기울기의 절댓값이 수요곡선의 기울기의 절댓값보다 작으면 (㉡)이다.

① ㉠ : 수렴형 ㉡ : 발산형 ② ㉠ : 수렴형 ㉡ : 수렴형
③ ㉠ : 발산형 ㉡ : 수렴형 ④ ㉠ : 발산형 ㉡ : 발산형
⑤ ㉠ : 발산형 ㉡ : 순환형

체크 Plus★★

수렴형	|공급곡선의 기울기| 〉|수요곡선의 기울기|
	수요의 가격탄력성 〉 공급의 가격탄력성
발산형	|공급곡선의 기울기| 〈 |수요곡선의 기울기|
	수요의 가격탄력성 〈 공급의 가격탄력성
순환형	|공급곡선의 기울기| = |수요곡선의 기울기|
	수요의 가격탄력성 = 공급의 가격탄력성

정답 I

07 ② 08 ①

09 효율적 시장이론에 대한 내용 중 **틀린** 것은?

① 준강성 효율적 시장은 과거의 추세적 정보뿐만 아니라 현재 새로 공표되는 정보가 지체 없이 시장가치에 반영되므로 공식적으로 이용 가능한 정보를 기초로 기본적 분석을 하여 투자해도 초과이윤(초과이익)을 얻을 수 없다.

② 준강성 효율적 시장에서는 기술적 분석으로 초과이윤(초과이익)을 얻을 수 없다.

③ 강성 효율적 시장에서는 어떠한 정보를 이용하여도 초과이윤(초과이익)을 얻을 수 없다.

④ 준강성 효율적 시장은 공표된 것이건 그렇지 않은 것이건 어떠한 정보도 이미 가치에 반영되어 있는 시장이다.

⑤ 부동산증권화 및 실거래가신고제도 등으로 우리나라 부동산시장의 효율성이 점차 증대되고 있다고 평가할 수 있다.

체크 Plus★★

④ 강성 효율적 시장은 공표된 것이건 그렇지 않은 것이건 어떠한 정보도 이미 가치에 반영되어 있는 시장이다.

---

10 1년 후 신역사가 들어선다는 정보가 있다. 이 정보의 현재가치는? (단, 제시된 가격은 개발정보의 실현여부에 의해 발생하는 가격차이만을 반영하고, 주어진 조건에 한함)

> - 역세권 인근에 일단의 토지가 있다.
> - 역세권개발계획에 따라 1년 후 신역사가 들어설 가능성은 40%로 알려져 있다.
> - 이 토지의 1년 후 예상가격은 신역사가 들어서는 경우 9억 9천만 원, 들어서지 않는 경우 4억 4천만 원이다.
> - 투자자의 요구수익률은 연 10%이다.

① 3억 원 ② 3.2억 원

③ 3.4억 원 ④ 3.6억 원

⑤ 3.8억 원

체크 Plus★★★

정보가치
= 확실성 하의 현재가치 − 불확실성 하의 현재가치

- 확실성 하의 현재가치

$$=\frac{1.0 \times 9.9억\ 원 + 0.0 \times 4.4억\ 원}{1.1} = \frac{9.9억\ 원}{1.1}$$

$$=9억\ 원$$

- 불확실성 하의 현재가치

$$=\frac{0.4 \times 9.9억\ 원 + 0.6 \times 4.4억\ 원}{1.1}$$

$$=\frac{3.96억\ 원 + 2.64억\ 원}{1.1} = 6억\ 원$$

- 정보가치=확실성 하의 현재가치(9억 원)−불확실성 하의 현재가치(6억 원)=3억 원

정답 I 09 ④ 10 ①

11 상업입지이론과 관련된 내용이다. 틀린 것은?

① 레일리(W. Reilly)는 두 중심지가 소비자에게 미치는 영향력의 크기는 두 중심지의 크기에 비례하고 거리의 제곱에 반비례한다고 보았다.

② 컨버스(P. D. Converse)는 경쟁관계에 있는 두 소매시장간 상권의 경계지점을 확인할 수 있도록 소매중력모형을 수정하였다.

③ 허프(D. Huff)는 소비자가 특정 점포를 이용할 확률은 소비자와 점포와의 거리, 경쟁점포의 수와 면적에 의해서 결정된다고 보았다.

④ 중력 모형을 활용하여 상권의 규모 또는 매장의 매출액을 추정할 수 있으며, 모형의 공간(거리)마찰계수는 시장의 교통조건과 쇼핑물건의 특성에 따라 달라지는 값이다.

⑤ 전문품점의 경우는 일상용품점보다 공간(거리)마찰계수가 크다.

체크 Plus★★

⑤ 전문품점의 경우는 일상용품점보다 유인력이 크므로 상대적으로 공간(거리)마찰계수가 작다.

⊕**PLUS**

공간(거리)마찰계수 : 고객이 특정점포를 이용하는 데에 따른 고객의 부담정도를 나타낸다. 고객이 특정 점포를 이용하는 데에 따른 시장의 교통조건, 하천 등의 방해요소 그리고 쇼핑물건의 특성에 따라 달라지며 이러한 부담이 커질수록 거리의 공간마찰계수(λ)는 커지며 다른 조건이 같다면 고객의 유인력은 작아진다. 전문품점의 경우는 일상용품점보다 유인력이 크므로 상대적으로 공간(거리)마찰계수가 작다는 것을 의미한다.

12 어떤 도시에 쇼핑센터 A, B가 있다. 두 쇼핑센터간 거리는 8km이다. A의 면적은 4,000m²이고, B의 면적은 64,000m²이다. 컨버스(P.D.converse)의 분기점 모형에 따른 두 쇼핑센터의 상권경계선(A로부터)은 어디인가? (컨버스의 분기점 모형에 따르면, 상권은 거리의 제곱에 반비례하고, 상가의 면적에 비례한다)

① 1.6km
② 2.0km
③ 2.6km
④ 3.0km
⑤ 3.4km

체크 Plus★★★

• 두 도시 쇼핑센터 A와 B 상권의 경계선(분기점)에서는 상거래흡인력이 같다.

• 거리를 각각 x와 y, 각각의 상가면적을 a와 b, 두 도시 간의 거리 $d_{AB} = x + y$, $\dfrac{a}{x^2} = \dfrac{b}{y^2}$에서 A쇼핑센터로부터 미치는 상권의 경계

• $x = \dfrac{d_{AB}}{1 + \sqrt{\dfrac{b}{a}}}$

• $x = \dfrac{8}{1 + \sqrt{\dfrac{64,000}{4,000}}} = \dfrac{8}{1+4} = 1.6km$

13 인구 10만 명인 도시 인근에 대형할인점이 2개 있다. 자료에 허프(Huff)의 상권분석모형을 적용할 경우, 대형할인점 A의 시장점유율 및 이용객수는? (단, 공간마찰계수는 1이며, 도시 인구의 80%가 대형할인점을 이용한다고 가정함)

구 분	대형할인점 A	대형할인점 B
거주지에서 거리	1km	2km
대형할인점 면적	4,000㎡	8,000㎡

① A의 시장점유율 : 10% 이용객수 : 8,000명

② A의 시장점유율 : 20% 이용객수 : 16,000명

③ A의 시장점유율 : 30% 이용객수 : 24,000명

④ A의 시장점유율 : 40% 이용객수 : 32,000명

⑤ A의 시장점유율 : 50% 이용객수 : 40,000명

14 시장실패와 부동산정책에 대한 내용이다. 옳은 것은?

① 공공재는 소비의 비경합성(非競合性)과 비배제성(非排除性)이라는 특성이 있다.

② 공공재는 생산을 시장에 맡길 경우 사회적 적정 생산량보다 과다하게 생산되는 경향이 있다.

③ 정(+)의 외부효과를 발생하는 재화는 사회적으로 적정한 수준보다 더 많이 생산된다.

④ 주택보급률이 100%를 넘은 선진국은 주택정책에 관심을 두지 않는 경향이 있다.

⑤ 부(−)의 외부효과는 사회가 부담하는 비용을 감소시킨다.

정답 | 13 ⑤ 14 ①

15 정부의 부동산시장 직접개입 유형에 해당하는 것을 모두 고른 것은?

> ㉠ 토지은행제도   ㉡ 택지공영개발
> ㉢ 총부채상환비율(DTI)   ㉣ 개발부담금
> ㉤ 종합부동산세   ㉥ 공공투자사업

① ㉠, ㉡, ㉢

② ㉣, ㉤, ㉥

③ ㉠, ㉡, ㉥

④ ㉢, ㉣, ㉥

⑤ ㉡, ㉢, ㉤

체크 Plus★★

정부의 부동산시장 직접개입 유형	㉠ 토지은행제, ㉡ 택지공영개발, ㉥ 공공투자사업
정부의 부동산시장 간접개입 유형	㉢ 총부채상환비율(DTI), ㉣ 개발부담금, ㉤ 종합부동산세

16 임대료규제에 대한 내용이다. **틀린** 것은?

① 규제임대료가 시장균형임대료보다 낮을 경우 임대부동산의 질적인 저하를 초래할 수 있다.

② 정부가 임대료 상승을 통제하면 단기적으로 임차인의 주거이전이 촉진될 것이다.

③ 균형임대료보다 임대료 상한이 낮을 경우, 임대료 규제가 지속되면 장기적으로는 음성적 거래가 발생할 수 있다.

④ 시장임대료 이하로 임대료를 통제하면 공급이 완전비탄력적인 한, 임대인의 소득 일부가 임차인에게 귀속되는 소득의 재분배 효과가 있다.

⑤ 정부가 규제하는 임대료의 상한이 시장균형임대료보다 높다라면, 임대료규제는 시장에서 임대주택 공급량에 영향을 미치지 않는다.

체크 Plus★★

② 정부가 임대료 상승을 통제하면 단기적으로 임차인의 주거이전이 저하될 것이다.

정답 | 15 ③   16 ②

17 정부의 부동산정책의 내용이다. 틀린 것은?

① 주거급여는 생활이 어려운 사람에게 주거안정에 필요한 임차료 등을 지급하는 것을 말한다.

② 주거급여는 「국민기초생활보장법상」 수급자에게 주거안정에 필요한 임차료, 유지수선비 등을 지급하는 것을 말한다.

③ 주거복지정책상 주거급여제도는 공급자보조방식의 일종이다.

④ 국토교통부장관은 도시의 무질서한 확산을 방지하고 도시주변의 자연환경을 보전하여 도시민의 건전한 생활환경을 확보하기 위하여 개발제한구역을 지정할 수 있다.

⑤ 토지를 경제적·효율적으로 이용하고 공공복리의 증진을 도모하기 위하여 용도지역제를 실시하고 있다.

체크 Plus★★

③ 주거복지정책상 주거급여제도는 소비자보조방식의 일종이다.

⊕ PLUS

주거급여(2015년 7월, 새로운 형태로 전국적 시행)는 「주거급여법」 및 「국민기초생활보장법」을 근거로 기초생활보장제도 내 주거급여를 개편, 소득·주거형태·주거비부담수준 등을 종합적으로 고려하여 저소득층의 주거비를 지원하는 제도이다.

임차가구 지원(현금지원)	타인의 주택 등에 거주하는 임차가구에게는 기준임대료를 상한으로 수급자의 실제임차료를 지원한다.(기준임대료와 실제임차료 중 적은 금액을 지급)
자가가구 지원(주택개량 이외의 별도 현금지원 없음)	주택 등을 소유하고 그 집에 거주하는 자가가구에게는 구조·안전·설비·마감 등 주택의 노후도를 평가(경·중·대보수로 구분)하여 종합적인 주택개량을 지원한다. 또한, 장애인에 대해서는 주거약자용 편의시설을 추가로 설치해준다.

18 다음 부동산조세에 대한 내용 중 틀린 것은?

① 거래세를 부과하는 경우 수요자가 실질적으로 지불하는 금액이 상승하므로 소비자잉여는 감소한다.

② 거래세를 부과하는 경우 공급자가 받는 가격이 하락하므로 생산자잉여는 감소한다.

③ 거래세 인상에 의한 세수입 증가분은 정부에 귀속되므로 경제적 순손실은 발생하지 않는다.

④ 공급의 가격탄력성이 수요의 가격 탄력성보다 작은 경우 공급자가 수요자보다 세금 부담이 더 크다.

⑤ 공공임대주택의 공급확대는 임대주택의 재산세가 임차인에게 전가되는 현상을 완화시킬 수 있다.

체크 Plus★★

③ 경제적 순손실은 발생하지 않는다. → (거래세 인상에 의한 세수입이 증가하더라도) 경제적 순손실(=사회후생손실)이 발생한다.

⑤ 한편, 공공임대주택 공급확대는 임차인이 선택할 수 있는 임대주택(대체재)이 많아져 임차인 수요의 임대료탄력성은 더 탄력적이 되어 이전보다 세부담이 작아진다. 즉, 재산세의 전가가 작게 일어난다.

정답 | 17 ③   18 ③

19 갑은 차입자금을 활용하여 A부동산에 투자한다. A부동산의 투자수익률은 10%이며, 대출금리는 5%이다. 현재 갑이 활용하고 있는 대부비율(loan-to-value ratio)은 50%이다. 만약 갑의 대부비율이 80%로 높아진다면, 갑의 자기자본수익률은 몇 %p 상승하는가?

① 10%p

② 15%p

③ 17%p

④ 19%p

⑤ 20%p

체크 Plus★★★

자기자본수익률=종합자본환원율+(종합자본환원율－ 저당수익률)×부채비율

* 동의어 : 투자수익률=종합자본환원율=총자본수익률, 대출금리=저당수익률

- ㉠ 대부비율이 50%, 이때 부채비율은 100% (1.0)이다.
  자기자본수익률=10%+(10%－5%)×1.0
  =10%+5%=15%

- ㉡ 대부비율이 80%, 이때 부채비율은 400% (4.0)이다.
  자기자본수익률=10%+(10%－5%)×4.0
  =10%+20%=30%

∴ 따라서 대부비율을 50%에서 80%로 늘릴 경우 자기자본수익률 증가분은 15%p가 된다.

⊕PLUS

대부비율로 부채비율을 구하는 방법은 분모를 100으로 놓고 풀면 쉽게 구할 수 있다.

$$대부비율=\frac{타인자본}{(자기자본+타인자본)} \qquad 부채비율=\frac{타인자본}{자기자본}$$

㉠ 대부비율 50% : $0.5=\frac{50}{(50+50)}$ → 이때 부채비율은 $\frac{50}{50}$=1.0, 100%이다.

㉡ 대부비율 80% : $0.5=\frac{80}{(20+80)}$ → 이때 부채비율은 $\frac{80}{20}$=4.0, 400%이다.

20 투자의사결정과 관련된 내용이다. <u>틀린</u> 것은?

① 요구수익률에는 시간에 대한 비용과 위험에 대한 비용이 포함되어 있다.

② 투자결정은 기대수익률과 요구수익률을 비교함으로써 이루어지는데 투자자는 투자대안의 기대수익률이 요구수익률보다 큰 경우 투자를 하게 된다.

③ 부동산투자에서 일반적으로 위험과 수익은 비례관계에 있다.

④ 투자가치란 대상부동산이 특정한 투자자에게 부여하는 객관적 가치이다.

⑤ 평균분산결정법은 기대수익률의 평균과 분산을 이용하여 투자대안을 선택하는 방법이다.

체크 Plus★

④ 투자가치란 대상부동산이 특정한 투자자에게 부여하는 주관적 가치이다.

21 포트폴리오에 대한 내용이다. **틀린 것은?**

① 분산투자효과는 포트폴리오를 구성하는 투자자산 종목의 수를 늘릴수록 체계적 위험이 감소되어 포트폴리오 전체의 위험이 감소되는 것이다.

② 투자안의 경제성분석에서 민감도분석을 통해 투입요소의 변화가 그 투자안의 순현재가치에 미치는 영향을 분석할 수 있다.

③ 주식, 회사채, 국채로 구성된 포트폴리오에 부동산이 추가편입되면 위험분산 혜택 등을 얻을 수 있다.

④ 부동산상품을 지역, 유형 등으로 구분하여 부동산 포트폴리오를 구성할 수 있다.

⑤ 경기변동, 인플레이션, 이자율의 변화 등에 의해 야기되는 시장위험을 체계적 위험이라 한다.

22 다음과 같은 조건에서 부동산 포트폴리오의 기대수익률(%)은? (단, 포트폴리오의 비중은 A부동산 : 50%, B부동산 : 50%임)

경제상황	각 경제상황이 발생할 확률(%)	각 경제상황에 따른 예상 수익률(%)	
		A부동산	B부동산
불황	30	10	10
호황	70	11.29	30

① 17.45% 　② 17.55%

③ 17.96% 　④ 18.12%

⑤ 18.53%

23 어느 회사 1년 동안의 운영수지다. 세후현금수지는? (단, 주어진 조건에 한함)

> • 가능총소득 : 5,000만 원 ・ 공실 : 가능총소득의 5%
>
> • 영업소득세율 : 연 20% ・ 원금상환액 : 100만 원
>
> • 이자비용 : 900만 원 ・ 영업경비 : 200만 원
>
> • 감가상각비 : 100만 원

① 2,640만 원 ② 2,840만 원

③ 3,640만 원 ④ 4,230만 원

⑤ 4,550만 원

체크 Plus★★★

• 순영업소득=가능총소득 – 공실 – 영업경비
=5,000만 원×(1–0.05)–200만 원=4,550만 원

• 세전현금수지=순영업소득 – 부채서비스액
=4,550만 원 –(100만 원+900만 원)=3,550만 원

• 영업소득세 =(순영업소득+대체충당금 – 이자비용 – 감가상각비)× 영업소득세율 =(4,550만 원+0 – 900만 원 – 100만 원)×0.2 = 3,550만 원×0.2=710만 원

• 세후현금수지=세전현금수지 – 영업소득세
=3,550만 원 – 710만 원=2,840만 원

24 투자분석기법에 대한 다음 내용 중 **틀린** 것은?

① 순현재가치법이란 장래 기대되는 소득의 현재가치 합계와 투자비용으로 지출된 금액의 현재가치 합계를 서로 비교하여 투자결정을 하는 방법을 말한다.

② 수익성지수는 순현금 투자지출 합계의 현재가치를 사업기간 중의 현금수입 합계의 현재가치로 나눈 상대지수이다.

③ 수익성지수(PI)가 '1'보다 크면 투자타당성이 있다고 할 수 있다.

④ 순현재가치가 '0'이 되는 단일 투자안의 경우 수익성지수는 '1'이 된다.

⑤ 투자규모에 차이가 있는 상호 배타적인 투자안의 경우 순현재가치법과 수익성지수법을 통한 의사결정이 달라질 수 있다.

체크 Plus★

② 수익성지수는 사업기간 중의 현금수입 합계의 현재가치를 순현금 투자지출 합계의 현재가치로 나눈 상대지수이다.

25 어림셈법에 다음 내용 중 옳은 것은?

① 어림셈법 중 순소득승수법의 경우 승수값이 클수록 자본회수기간이 짧다.

② 투자회수기간은 길수록 바람직하다.

③ 세후현금흐름승수(ATM)는 총투자액을 세후현금흐름으로 나눈 값이다.

④ 종합자본환원율의 역수는 순소득승수이다.

⑤ 동일한 투자안의 경우, 일반적으로 세전현금수지승수가 세후현금수지승수보다 크다.

26 부동산금융과 연관된 내용이다. 틀린 것은?

① 대출자의 명목이자율은 시장 실질이자율, 위험에 대한 대가, 기대인플레이션율 등으로 구성된다.

② 대출비율(loan to value)이 높아질수록 주택담보 대출금리는 낮아진다.

③ 주택저당대출 금리와 주택자금 공급을 조절하면 주택수요에 영향을 미칠 수 있다.

④ 상환비율과 잔금비율을 합하면 1이 된다.

⑤ 다른 대출조건이 동일한 경우, 통상적으로 고정금리 주택저당대출의 금리는 변동금리 주택저당대출의 금리보다 높다.

정답 I   25 ④   26 ②

27 주택담보대출을 희망하는 A의 소유 주택 시장가치가 5억 원이고 연소득이 5,000만 원이며 다른 부채가 없다면, A가 받을 수 있는 최대 대출가능 금액은? (단, 주어진 조건에 한함)

> - 연간저당상수 : 0.1
> - 대출승인 기준
>   - 담보인정비율(LTV) : 시장가치기준 60%
>   - 총부채상환비율(DTI) : 40%
> ※ 두 가지 대출승인 기준을 모두 충족시켜야 함

① 1.0억 원   ② 1.2억 원

③ 1.4억 원   ④ 2.0억 원

⑤ 2.2억 원

체크 Plus★★★

- ⊙ 담보인정비율(LTV) : 5억 원×0.6=3억 원
- ⓒ 총부채상환비율(DTI) : $\dfrac{x(원리금상환액)}{5,000만 원}=0.4$

$x=0.2$억 원

대출가능액 $=\dfrac{0.2억 원}{0.1}=2$억 원

∴ ⊙, ⓒ 둘 중 작은 금액인 2억 원이 한도이다.

28 어떤 사람이 주택을 구입하기 위하여 은행으로부터 48,000,000원을 연이자율 5%, 10년간, 매월상환조건으로 대출받았다. 원금균등분할상환 조건일 경우, 첫회에 상환해야 할 원금과 이자의 합계는 얼마인가?

① 200,000원   ② 400,000원

③ 600,000원   ④ 800,000원

⑤ 900,000원

체크 Plus★★★

- 원금상환액 : (48,000,000÷10년)÷12개월 =400,000원
- 첫 회 이자상환액 : (48,000,000×0.05)÷12개월=200,000원
  따라서 첫 회에 상환해야 할 원금과 이자의 합계는 600,000원

29

주택저당증권(MBS)에 대한 내용 중 틀린 것은?

① MPTS(mortgage pass-through security)란 지분형 저당증권으로 관련 위험이 투자자에게 이전된다.

② 주택저당담보부채권(MBB)은 저당채권의 집합에 대한 채권적 성격의 주택저당증권(MBS)이다.

③ 주택저당담보부채권(MBB)은 주택저당대출차입자의 채무불이행이 발생하더라도 MBB에 대한 원리금을 발행자가 투자자에게 지급하여야 한다.

④ MPTB(mortgage pay-through bond)는 MPTS와 MBB를 혼합한 특성을 지닌다.

⑤ 일반적으로 다계층저당채권(CMO)의 조기상환위험은 증권발행자가 부담한다.

30

프로젝트 파이낸싱(Project Financing)과 관련된 다음 내용 중 틀린 것은?

① 프로젝트 파이낸싱(Project Financing)은 사업자의 신용이나 부동산을 담보로 대출하는 것이 아니라 사업성을 기초로 자금을 조달하는 방식이다.

② 프로젝트의 위험이 높아지면 자본환원율도 상승한다.

③ 자본환원율이 상승하면 부동산자산의 가격이 하락 압력을 받으므로 신규개발사업 추진이 어려워진다.

④ 자본환원율은 자산가격 상승에 대한 투자자들의 기대를 반영한다.

⑤ 부동산 개발사업의 자금지출 우선순위를 정할 때, 주로 시행사의 개발이익이 공사비보다 먼저 인출되도록 한다.

⊕PLUS

한편, ②, ③, ④에 대한 내용에서 항상 주어진 조건 이외의 다른 조건은 동일하다고 봐야하므로 여기서 순영업소득이 일정하다고 본다. 순영업소득이 여전히 일정함에도 자산가격이 상승할 것으로 기대되는 경우라면 해당 투자사업의 자산가치는 높게 평가되고 그 가격도 상승하게 되는데 이는 자본환원율을 낮추어도 됨을 의미한다.

31 개발사업의 타당성분석에 내용 중 **틀린** 것은?

① 흡수율분석에서는 개발사업과 관련한 거시적 경기동향, 정책환경, 지역시장의 특성 등을 분석한다.

② 개발사업에 대한 타당성분석 결과가 동일한 경우에도 분석된 사업안은 개발업자에 따라 채택될 수도 있고, 그렇지 않을 수도 있다.

③ SWOT(Strength Weakness Opportunity Threat)분석이란 기업의 내부환경을 분석해 강점과 약점을 발견하고, 외부환경을 분석해 기회와 위협을 찾아내 이를 토대로 강점은 살리고 약점은 보완, 기회는 활용하고 위협은 억제하는 마케팅 전략을 수립하는 것을 의미한다.

④ 시장성분석은 부동산이 현재나 미래의 시장상황에서 매매 또는 임대될 수 있는 가능성을 조사하는 것이다.

⑤ 공실률이란 임대 대상부동산이 임대기간 중 임대되지 않고 비어있는 기간의 비율을 의미하기도 한다.

체크 Plus★★

① 지역경제분석에서는 개발사업과 관련한 거시적 경기동향, 정책환경, 지역시장의 특성 등을 분석한다.

⊕PLUS

흡수율분석이란 시장에 공급된 부동산이 지난 일 년 동안 얼마만큼의 비율로 시장에 흡수(=분양)되었는지를 조사하는 것으로서 시장성 분석 일환으로 실시한다. 거시적 분석은 지역경제분석에서 행한다.

32 부동산관리는 자산관리(asset management), 건물 및 임대차관리(property management), 시설관리(facility management)로 나눌 수 있다. 다음의 부동산관리 업무 중 시설관리에 속하지 **않는** 것은?

① 부동산의 매입과 매각관리

② 방범, 방재 등 보안관리

③ 에너지관리

④ 설비의 운전 및 보수

⑤ 건물 청소관리

체크 Plus★

① 부동산의 매입과 매각관리는 자산관리(asset management)에 해당한다. 한편, ② 방범, 방재 등 보안관리, ③ 에너지관리, ④ 설비의 운전 및 보수, ⑤ 건물 청소관리는 시설관리에 해당한다.

정답 I   31 ①   32 ①

33 A회사는 분양면적 1,000m²의 매장을 손익분기점 매출액 이하이면 기본임대료만 부담하고, 손익분기점 매출액을 초과하는 매출액에 대하여 일정 임대료율을 적용한 추가 임대료를 가산하는 비율임대차(percentage lease) 방식으로 임차하고자 한다. 향후 1년 동안 A회사가 지급할 것으로 예상되는 연임대료는? (단, 주어진 조건에 한하며, 연간 기준임)

- 예상매출액 : 분양면적m² 당 10만 원
- 기본임대료 : 분양면적m² 당 5만 원
- 손익분기점 매출액 : 6,000만 원
- 손익분기점 매출액 초과 매출액에 대한 임대료율 : 10%

① 21,000,000원
② 32,000,000원
③ 43,000,000원
④ 54,000,000원
⑤ 55,000,000원

34 부동산 마케팅 4P[가격(price), 제품(product), 유통경로(place), 판매촉진(promotion)]전략과 부동산 마케팅 활동의 연결이 순차적으로 옳은 것은?

- ㉠ 아파트 단지 내 자연친화적 실개천 설치
- ㉡ 부동산 분양대행사 또는 부동산중개업소 적극 활용
- ㉢ 시장분석을 통한 적정 분양가 책정
- ㉣ 주택청약자 대상 경품추첨으로 TV 등을 제공

① 제품(product), 유통경로(place), 판매촉진(promotion), 가격(price)
② 제품(product), 유통경로(place), 가격(price), 판매촉진(promotion)
③ 가격(price), 제품(product), 판매촉진(promotion), 유통경로(place)
④ 유통경로(place), 제품(product), 가격(price), 판매촉진(promotion)
⑤ 유통경로(place), 가격(price), 판매촉진(promotion), 제품(product)

35 지역분석과 개별분석에 대한 내용 중 틀린 것은?

① 지역분석이란 대상부동산이 어떤 지역에 속하며, 지역특성이 무엇이며, 전반적으로 지역특성이 지역 내 부동산 가치형성에 어떠한 영향을 미치는가를 분석하는 것이다.

② 지역분석은 표준적 사용의 현상과 장래의 동향을 명확히 파악하여 그 지역 부동산의 가격수준을 판정하는 것이고, 개별분석은 대상부동산의 개별요인을 분석하여 최유효이용을 판정하는 것이다.

③ 지역분석보다 개별분석을 먼저 실시하는 것이 일반적이다.

④ 지역분석은 대상지역에 대한 거시적인 분석인 반면, 개별분석은 대상부동산에 대한 미시적인 분석이다.

⑤ 대상부동산의 최유효이용을 판정하기 위해 개별분석이 필요하다.

체크 Plus★★

③ 개별분석보다 지역분석을 먼저 실시하는 것이 일반적이다.

36 감정평가에 있어서 감가수정에 대한 내용이다. 틀린 것은?

① 감가수정이란 대상물건에 대한 재조달원가를 감액하여야할 요인이 있는 경우에 물리적 감가, 기능적 감가 또는 경제적 감가 등을 고려하여 그에 해당하는 금액을 재조달원가에 가산해 기준시점에 있어서의 대상물건의 가액을 적정화하는 작업을 말한다.

② 건물과 부지와의 부적응, 설계 불량, 설비 불량, 건물의 외관과 디자인 낙후는 기능적 내용연수에 영향을 미치는 요인이다.

③ 인근지역의 변화, 인근환경과 건물의 부적합, 당해지역 건축물의 시장성 감퇴는 경제적 내용연수에 영향을 미치는 요인이다.

④ 감가수정은 경제적 내용연수(耐用年數)를 기준으로 한 정액법·정률법 또는 상환기금법 중에서 대상건물에 가장 적합한 방법을 적용하며, 이 경우 물리적·기능적·경제적 감가요인을 고려하여 관찰감가(觀察減價) 등으로 조정하거나 다른 방법에 따라 할 수 있다.

⑤ 감가수정에 사용하는 내용연수는 경제적 내용연수이며 동일한 내용연수의 부동산이라도 건축방법, 관리 및 유지상태 등에 따라 감가의 정도가 달라진다.

체크 Plus★★

① 감가수정이란 대상물건에 대한 재조달원가를 감액하여야 할 요인이 있는 경우에 물리적 감가, 기능적 감가 또는 경제적 감가 등을 고려하여 그에 해당하는 금액을 재조달원가에 공제하여 기준시점에 있어서의 대상물건의 가액을 적정화하는 작업을 말한다.

정답 I   35 ③   36 ①

37 인근표준획지와 비교한 대상토지의 특성은 다음과 같다. 인근표준획지와 대비한 대상토지의 개별요인 비교치는?

- 대상토지의 전체 면적은 1,000m²이다. 이 중 700m²는 완경사이고 나머지는 평지이다.
- 완경사 부분은 인근 표준획지에 비해 10%의 감가요인이 있으며, 평지 부분은 감가요인이 없다.

① 0.89
② 0.91
③ 0.93
④ 0.96
⑤ 0.98

38 자료를 활용하여 수익환원법을 적용한 평가대상 근린생활시설의 수익가액은? (단, 주어진 조건에 한하며 연간 기준임)

- 가능총소득 : 6,000만 원
- 공실손실상당액 : 가능총소득의 5%
- 유지관리비 : 가능총소득의 10%
- 부채서비스액 : 1,200만 원
- 화재보험료 : 100만 원
- 개인업무비 : 가능총소득의 10%
- 환원율 5%, 기대이율 4%, 자본회수율 1%

① 600,000,000원
② 650,000,000원
③ 800,000,000원
④ 950,000,000원
⑤ 1,000,000,000원

39 물건별 평가에 대한 내용 중 옳은 것은?

① 건물의 평가는 거래사례비교법에 의한다. 다만, 거래사례비교법에 의한 평가가 적정하지 아니한 경우에는 원가법 또는 수익환원법에 의할 수 있다.

② 집합건물의 소유 및 관리에 관한 법률에 의한 구분소유권의 대상이 되는 건물부분과 그 대지사용권을 일괄하여 평가하는 경우에는 원칙적으로 원가법에 의한다.

③ 산림은 산지와 입목을 일체로 한 가격의 산정이 가능한 경우에 이를 일괄하여 평가할 수 있으며 이때 수익환원법을 적용하여야 한다.

④ 임료의 평가는 임대사례비교법에 의한다. 다만, 임대사례비교법에 의한 평가가 정적하지 아니한 경우에는 대상물건의 종류 및 성격에 따라 적산법 또는 수익분석법으로 평가할 수 있다.

⑤ 소음·진동·일조침해 또는 환경오염 등으로 인한 토지 등의 가치하락분에 대하여 평가를 하는 경우에는 소음 등의 허용기준, 원상회복비용 등을 고려해야 한다.

체크 Plus★★

① 건물을 감정평가할 때에 원가법을 적용하여야 한다. 단서는 없다.

② 감정평가법인 등은 「집합건물의 소유 및 관리에 관한 법률」에 따른 구분소유권의 대상이 되는 건물부분과 그 대지사용권을 일괄하여 감정평가하는 경우 등 토지와 건물을 일괄하여 감정평가할 때에는 거래사례비교법을 적용하여야 한다. 이 경우 감정평가액은 합리적인 기준에 따라 토지가액과 건물가액으로 구분하여 표시할 수 있다.

③ 산림을 감정평가할 때에 산지와 입목(立木)을 구분하여 감정평가하여야 한다. 이 경우 입목은 거래사례비교법을 적용하되, 소경목림(소경목림 : 지름이 작은 나무·숲)인 경우에는 원가법을 적용할 수 있다. 감정평가법인 등은 산지와 입목을 일괄하여 감정평가할 때에 거래사례비교법을 적용하여야 한다.

④ 임대료를 감정평가할 때에 임대사례비교법을 적용하여야 한다. 단서는 없다.

40 부동산 가격공시제도에 대한 내용 중 옳은 것은?

① 부동산 가격공시제도에 있어 개별공시지가는 국토교통부 장관이 공시한다.

② 표준지공시지가의 공시기준일은 원칙적으로 매년 1월 말일이다.

③ 개별공시지가에 대해서는 이의신청을 할 수 있지만, 표준지공시지가에 대해서는 이의신청을 할 수 없다.

④ 표준지공시지가를 조사·평가하는 경우에는 인근 유사토지의 거래가격·임대료 및 해당 토지와 유사한 이용가치를 지닌다고 인정되는 토지의 조성에 필요한 비용추정액, 인근지역 및 다른 지역과의 형평성·특수성, 표준지공시지가 변동의 예측 가능성 등 제반사항을 종합적으로 참작하여야 한다.

⑤ 표준지의 평가는 공부상의 지목에 불구하고 현장 조사 당시의 이용상황을 기준으로 평가하되, 일시적인 이용상황은 이를 고려하지 아니한다.

체크 Plus★★

① 부동산 가격공시제도에 있어 표준지공시지가를 국토교통부장관이 공시한다.

② 표준지공시지가의 공시기준일은 원칙적으로 매년 1월 1일이다.

③ 표준지공시지가는 물론 개별공시지가도 지가공시일로부터 30일 이내에 이의신청할 수 있다.

⑤ 표준지의 평가는 공부상의 지목에 불구하고 공시기준일 현재의 적정가격을 조사·평가하되, 일시적인 이용상황은 이를 고려하지 아니한다.

공인중개사 1차

국가자격시험

교시	문제형별	시험과목	회차
1교시	B	① 부동산학개론	제6회

01 다음은 부동산학에 대한 내용이다. 틀린 것은?

① 부동산학은 여러 분야의 학문과 연계되어 있다는 점에서 종합학문적 성격을 지니고 있다.

② 과학을 순수과학과 응용과학으로 구분할 때, 부동산학은 응용과학에 속한다.

③ 부동산학의 접근방법 중 종합식 접근방법은 부동산을 기술적·경제적·법률적 측면 등의 복합개념으로 이해하여, 이를 종합해서 이론을 구축하는 방법이다.

④ 부동산학의 접근방법 중 의사결정 접근방법은 인간은 합리적인 존재이며, 자기이윤의 극대화를 목표로 행동한다는 기본가정에서 출발한다.

⑤ 부동산 활동 중에서 부동산 투자, 부동산 금융, 부동산 개발 그리고 부동산 상담은 부동산 결정분야에 해당한다.

체크 Plus★★

⑤ 부동산 상담은 부동산 결정 지원분야에 해당한다.

02 부동산에 대한 다음 내용 중 옳은 것은?

① 부동산은 물적 재산으로서 토지와 건물 등을 일컫는 말이기 때문에, 광의의 부동산 또는 준부동산 등으로 개념을 확대할 수 없다.

② 민법상 부동산은 토지 및 그 정착물과 준부동산으로 정의된다.

③ 정착물은 당사자들 간의 합의나 쓰임새, 관계 등에 따라 주물 또는 종물로 구분될 수 있다.

④ 토지의 정착물 중 토지와 독립된 물건으로 취급되는 것은 없다.

⑤ 임차인의 정착물(tenant fixture)은 부동산으로 간주되는 것이 원칙이다.

체크 Plus★

① 광의의 부동산 또는 준부동산 등으로 개념을 확대할 수 있다.

② 준부동산은 민법상 부동산이 아니다.

④ 토지의 정착물 중 토지로부터 독립된 것과 토지의 일부로 취급되는 것도 존재한다.

⑤ 임차인의 정착물(tenant fixture)은 원칙적으로 임차인 소유물인 독립된 동산이다.

정답 I   01 ⑤   02 ③

03 토지용어에 대한 내용 중 틀린 것은?

① 포락지(浦落地)는 지적공부에 등록된 토지가 물에 침식되어 수면 밑으로 잠긴 토지를 말한다.

② 지역권은 자기 토지의 편익을 위해 타인의 토지 위에 설정하는 권리이다.

③ 맹지는 타인의 토지에 둘러싸여 도로에 직접 연결되지 않는 한 필지의 토지를 말한다.

④ 공지(空地)는 지력회복을 위해 정상적으로 쉬게 하는 토지를 말한다.

⑤ 후보지(候補地)는 임지지역, 농지지역, 택지지역 상호간에 다른 지역으로 전환되고 있는 지역의 토지를 말한다.

체크 Plus*

④ 휴한지(또는 휴경지)에 대한 설명이다.

04 수요와 공급에 대한 다음 내용 중 틀린 것은?

① 주택가격이 상승하면 주택수요량에 영향을 준다.

② 인구변화, 소득변화, 아파트에 대한 선호도변화, 아파트 가격에 대한 기대의 변화는 수요변화요인이다.

③ 해당 상품의 가격이 상승하면 공급량이 증가한다.

④ 임대료가 상승하게 되면, 소득효과에 의해 다른 재화의 소비량이 상대적으로 증가한다.

⑤ 임대료 보조를 받은 저소득층의 주택소비가 증가하는 이유는 소득효과와 대체효과 때문이다.

체크 Plus**

④ 임대료가 상승하게 되면, 대체효과에 의해 다른 재화의 소비량이 상대적으로 증가한다.

05 이자율의 하락이 부동산시장에 미치는 영향으로 틀린 것은? (단, 이자율 이외에 부동산의 수요와 공급에 영향을 미치는 요인들의 변화는 없다고 가정한다.)

① 다른 조건이 동일하다면 부동산에 대한 수요는 증가한다.

② 다른 조건이 동일하다면 부동산에 대한 공급은 증가한다.

③ 전세금의 기회비용이 하락하면서 전세수요가 증가한다.

④ 전세금의 운용수익이 줄어들면서 월세공급이 감소한다.

⑤ 임대차 시장에서 전세가격은 상승하고, 월세가격은 하락한다.

체크 Plus★★

이자율의 하락이 전체 부동산시장에서는 금융비용 부담이 줄어 수요와 공급이 증가한다.

⊕PLUS

한편, 임대차시장에서 전세의 경우 이자는 주택사용료인 셈이다. 임대인은 목돈을 운영함에 따른 이익을 얻을 수 있고 임차인은 전세금을 금융기관을 통해 대출받은 경우라면 이자를 부담하기 때문이다. 이자율이 하락하면 전세에 따른 사용료가 하락하고 상대적으로 월세는 비싸진 셈이 된다. 따라서 임차인의 월세수요는 감소하고 임대인의 월세공급은 증가하여 월세가격은 하락한다. 그리고 임차인의 전세수요는 증가하고 임대인의 전세공급은 감소하여 전세가격은 상승하게 된다.

06 어느 지역의 오피스텔에 대한 수요의 가격탄력성은 0.8이고 소득탄력성은 0.5이다. 오피스텔 가격이 4% 상승함과 동시에 소득이 변하여 전체 수요량이 3% 감소하였다면, 이때 소득은 얼마나 변하여야 하는가? (단, 오피스텔은 정상재이고, 수요의 가격탄력성은 절대값으로 나타내며, 다른 조건은 동일함)

① 0.2% 증가 ② 0.2% 감소

③ 0.4% 증가 ④ 0.4% 감소

⑤ 0.6% 증가

체크 Plus★★★

• 수요의 가격탄력성

$=(-)\dfrac{\text{수요량의 변화율}}{\text{가격의 변화율(4\%)}}=0.8$이므로 가격이 4% 상승하면 오피스텔 수요량은 $(-)0.8 \times 4\%=(-)3.2\%$ 감소한다. 그런데도 전체 수요는 3%만 감소했으므로 소득에 의해 수요가 0.2% 증가하여야 한다.

• 수요의 소득탄력성

$=\dfrac{\text{수요량의 변화율}(0.2\%)}{\text{가격의 변화율}(x)}=0.5$이므로

$x=\dfrac{0.2\%}{0.5}=0.4\%$이다.

07 아파트의 수요함수는 $P=800-Q_d$, 공급함수는 $P=50+Q_s$이다. 균형가격은? [단, P는 가격(단위 : 만 원), Q_d는 수요량(단위 : m^2), Q_s는 공급량(단위 : m^2)]

① 325만 원

② 425만 원

③ 525만 원

④ 625만 원

⑤ 725만 원

체크 Plus★★

· 균형에서는 수요와 공급이 일치하여 균형가격(P)과 균형 수급량($Q_E=Q_d=Q_s$)은 각각 하나가 된다.

· $P=800-Q_d$와 $P=50+Q_s$가 같아야 하므로 $800-Q_d=50+Q_s$, $750=2Q_E$, $Q_E=375$이며 이를 두 함수 중에 대입하면 $P=800-375=425$, $P=50+375=425$ 즉, $P=425$이다.

08 A, B, C부동산시장이 다음과 같을 때 거미집이론에 따른 각 시장의 모형형태는? (단, X축은 수량, Y축은 가격을 나타내며, 다른 조건은 동일함)

구분	A시장	B시장	C시장
수요곡선 기울기	−0.5	−0.1	−1.5
공급곡선 기울기	0.6	0.1	1.2

① A시장 : 발산형, B시장 : 순환형, C시장 : 수렴형

② A시장 : 수렴형, B시장 : 순환형, C시장 : 순환형

③ A시장 : 수렴형, B시장 : 수렴형, C시장 : 발산형

④ A시장 : 수렴형, B시장 : 순환형, C시장 : 수렴형

⑤ A시장 : 수렴형, B시장 : 순환형, C시장 : 발산형

체크 Plus★★

· A시장 : |0.6| 〉|−0.5| 수렴형
· B시장 : |0.1| = |−0.1| 순환형
· C시장 : |1.2| 〈 |−1.5| 발산형

⊕PLUS

수렴형	· |공급곡선의 기울기| 〉|수요곡선의 기울기| · 수요의 가격탄력성 〉 공급의 가격탄력성
발산형	· |공급곡선의 기울기| 〈 |수요곡선의 기울기| · 수요의 가격탄력성 〈 공급의 가격탄력성
순환형	· |공급곡선의 기울기| = |수요곡선의 기울기| · 수요의 가격탄력성 = 공급의 가격탄력성

정답 | 　　　　　　　　　　　　　　07 ② 　08 ⑤

09

부동산시장에 대한 내용 중 틀린 것은?

① 부동산시장은 부동산소유권을 할당하고 공간을 배분하는 기능을 한다.

② 부동산시장은 경제활동별 지대 지불 능력에 따라 토지이용의 유형을 결정하는 기능을 한다.

③ 부동산시장은 가격을 창조하는 기능이 있다. 그러나 창조된 가격은 가격변동 등의 원인으로 파괴된다.

④ 주택의 여과효과(filtering effect)는 주택의 질적 변화와 가구의 이동관계를 설명한다.

⑤ 주택여과과정에서 공가(空家)의 발생은 주거지 이동과는 관계가 없다.

체크 Plus★

⑤ 공가(空家)의 발생은 주택여과과정의 중요한 구성요소 중 하나이며 주거지 이동과 관계가 깊다.

10

효율적 시장과 할당효율성에 대한 다음 내용 중 틀린 것은?

① 만약 부동산시장이 강성 효율적 시장이라면 초과이윤(초과이익)을 얻는 것은 불가능하다.

② 강성 효율적 시장에서는 누구든지 어떠한 정보로도 초과이윤(초과이익)을 얻을 수 없다.

③ 부동산시장은 여러 가지 불완전한 요소가 많지만 할당 효율적 시장(allocationally efficient market)이 될 수 있다.

④ 할당 효율적 시장에서는 부동산 거래의 은밀성으로 인해 부동산가격의 과소평가 또는 과대평가 등 왜곡가능성이 높아진다.

⑤ 불완전경쟁시장에서도 할당 효율적 시장이 이루어질 수 있다.

체크 Plus★★

④ 할당 비효율적 시장에서는 부동산 거래의 은밀성으로 인해 부동산 가격의 과소평가 또는 과대평가 등 왜곡가능성이 높아진다.

정답 ㅣ   09 ⑤   10 ④

11 A도시와 B도시 사이에 위치하고 있는 C도시는 A도시로 부터 5km, B도시로부터 10km 떨어져 있다. A도시의 인구는 2만 5천 명, B도시의 인구는 20만 명, C도시의 인구는 3만 명이다. 레일리(W.Reilly)의 소매인력법칙을 적용할 경우, C도시에서 A도시와 B도시로 구매 활동에 유인되는 인구규모는? (단, C도시의 모든 인구는 A도시와 B도시에서만 구매함)

① A도시 : 2.0만 명, B도시 : 1.0만 명

② A도시 : 1.5만 명, B도시 : 1.5만 명

③ A도시 : 1.0만 명, B도시 : 2.0만 명

④ A도시 : 0.5만 명, B도시 : 2.5만 명

⑤ A도시 : 2.5만 명, B도시 : 0.5만 명

체크 Plus★★★

- A도시 흡인력 $= \dfrac{25,000}{5^2} = 1,000$

- B도시 흡인력 $= \dfrac{200,000}{10^2} = 2,000$

- A도시 유인비율 $= \dfrac{1,000}{1,000+2,000} = \dfrac{1}{3}$

- B도시 유인비율 $= \dfrac{2,000}{1,000+2,000} = \dfrac{2}{3}$

- C도시의 3만 명 중 A도시로 유인되는 인구는 1만 명, B도시로 유인되는 인구는 2만 명이 된다.

12 다음은 공업입지를 분석하기 위한 도해모형이다. 점선의 타원형은 등운송비선으로, 최소운송비 지점인 공장입지 P 지점으로부터 거리가 멀어짐에 따라, 운송비가 점진적으로 증가하는 것을 나타낸다. 공장입지는 다른 조건이 동일하고 노동비, 제품 및 원료의 중량과 거리에 따른 운송비에 의해서 결정된다. 그림과 관련한 공장입지에 대한 내용 중 틀린 것은?

체크 Plus★★

㉣ L지점으로 입지를 바꿀 경우 노동비가 단위당 10원 절감되지만 이에 따른 단위당 운송비 증가액은 10원을 초과하는 지점이므로 입지의 변화가 일어날 수 없다.

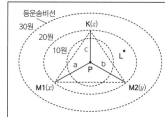

K : 소비시장　　M1, M2 : 원료산지
a, b : 원료산지로부터 공장입지까지 거리
c : 공장입지로부터 소비시장까지 거리
x, y : 원료의 무게　z : 완제품의 무게
P : 공장입지, L : 노동비절감 입지

㉠ 운송비와 노동비를 고려한 비용최소화의 관점에서, 최적 공장입지를 구하는 모형이다.

㉡ 총 운송비 관점에서는, 원료의 중량과 제품의 중량을 비교하고 거리를 고려하여 비용 최소화입지를 찾을 수 있다.

㉢ 운송비 변수만을 고려할 때, 최적 공장입지는 $[ax+by+cz]$값이 최소인 지점으로 결정된다.

㉣ L지점으로 입지를 바꿀 경우 노동비가 단위당 10원 절감된다면 L지점으로 입지의 변화가 일어날 수 있다.

① ㉠, ㉡, ㉢, ㉣　② ㉠, ㉡, ㉢　③ ㉠, ㉡

④ ㉠　　　⑤ ㉣

13 다음 지대이론에 대한 내용 중 <u>틀린</u> 것은?

① 입찰지대(bid rent)란 단위 면적의 토지에 대해 토지이용자가 지불하고자 하는 최대금액으로, 정상이윤이 0이 되는 수준의 지대를 말한다.

② 입찰지대설에서는 가장 높은 지대를 지불할 의사가 있는 용도에 따라 토지이용이 이루어진다.

③ 마찰비용이론에 의하면 교통수단이 좋을수록 공간의 마찰이 적어지며, 이때 토지이용자는 마찰비용으로 교통비와 지대를 지불한다고 본다.

④ 위치지대설에 따르면 다른 조건이 동일한 경우, 중심지에서 거리가 멀어질수록 지대는 하락한다.

⑤ 생산요소 간의 대체가 일어날 경우, 일반적으로 입찰지대곡선은 우하향하면서 원점을 향해 볼록한 형태를 지니게 된다.

14 시장실패와 관련된 다음 내용 중 <u>틀린</u> 것은?

① 시장에서 어떤 원인으로 인해 자원의 효율적 배분에 실패하는 현상을 시장의 실패라 하는데, 이는 정부가 시장에 개입하는 근거가 된다.

② 정부는 공원 등과 같은 공공재의 경우 과소생산의 문제가 발생 될 수 있기 때문에 개입할 수 있다.

③ 공공재는 비내구재이기 때문에 정부만 생산비용을 부담한다.

④ 부동산 시장은 정보의 비대칭성으로 인해 시장기구의 효율성이 달성되지 못하기 때문에 정부의 개입이 필요하다.

⑤ 사적 한계편익이 사회적 한계편익보다 작은 경우 사회적으로 과소소비가 나타날 수 있어서 정부의 개입이 필요하다.

정답 I   13 ①   14 ③

15 정부의 토지정책에 대한 내용이다. 틀린 것은?

① 개발권양도제는 공공이 부담해야 하는 비용을 절감하면서 규제에 따른 손실의 보전이 이루어진다는 점에 의의가 있다.

② 공공토지비축제도(토지은행제도)는 정부가 토지를 매입한 후 보유하고 있다가 적절한 때에 이를 매각하거나 공공용으로 사용하는 제도를 말한다.

③ 토지은행제도는 토지의 선매를 통해 장래에 필요한 공공시설용지를 적기에 저렴한 수준으로 공급할 수 있다.

④ 토지은행제도는 개인 등에 의한 무질서하고 무계획적인 토지개발을 막을 수 있어서 효과적인 도시계획 목표의 달성에 기여할 수 있다.

⑤ 토지은행제도는 토지양도 의사표시가 전제된다는 점에서 토지수용제도보다 토지소유자의 사적 권리를 침해하는 정도가 크다.

체크 Plus★★

⑤ 비축대상 토지를 취득할 때 수용의 방식이 아닌 경우에는 토지양도 의사표시가 전제된다는 점에서 토지수용제도보다 토지소유자의 사적 권리를 침해하는 정도가 작다.

16 주택가격의 급등은 빈부격차를 심화시키는 등 사회문제를 일으키기 때문에 정부는 시장개입을 통하여 주택가격을 안정시키고자 한다. 이와 관련하여 정부가 선택할 수 있는 정책 대안 중에서 가장 거리가 먼 것은?

① 청약자의 주택청약자격의 완화

② 주택구입자금의 대출금리 상향조정

③ 수분양자의 분양권 전매 금지

④ 주택 양도 및 보유관련 세금 중과

⑤ 주택담보대출의 담보인정비율(LTV)과 총부채상환비율(DTI) 하향조정

체크 Plus★

① 주택청약자격의 완화는 주택청약수요 증가로 인하여 오히려 주택가격이 상승할 수 있다.

17 **정부의 주택정책에 대한 내용이다. 틀린 것은?**

① 임대주택 공급자에게 보조금을 지급하는 방식은 임차인에게 보조금을 지급하는 방식보다 임차인의 주거지 선택의 자유를 보장하는 장점이 있다.

② 정부가 임대료를 보조해주면 저소득층의 임대주택 소비가 늘어난다.

③ 임대료보조정책은 저소득층의 효용을 증대시키고, 저가 임대주택의 양을 증가시킨다.

④ 주택법령상 분양가상한제 적용주택의 분양가격은 택지비와 건축비로 구성된다.

⑤ 분양가상한제의 목적은 주택가격을 안정시키고 무주택자의 신규주택 구입부담을 경감시키기 위해서이다.

체크 Plus★★

① 임차인에게 보조금을 지급하는 방식이 임대주택 공급자에게 보조금을 지급하는 방식보다 임차인의 주거지 선택의 자유를 보장하는 장점이 있다.

18 **다음 부동산조세에 대한 내용 중 옳은 내용은? (단, 우하향하는 수요곡선을 가정함)**

① 부동산 취득 단계에서 부과되는 조세로는 취득세, 인지세 등이 있다.

② 소유자가 거주하는 주택에 재산세를 부과하면, 주택수요가 증가하고 주택가격은 상승하게 된다.

③ 임대주택에 재산세를 부과하면 임대주택의 공급이 증가하고 임대료는 하락할 것이다.

④ 주택의 취득세율을 낮추면, 주택의 수요가 감소한다.

⑤ 주택조세감면은 조세부과와 달리 소득을 재분배하는 효과가 발생한다.

체크 Plus★★★

② 소유자가 거주하는 주택에 재산세를 부과하면 주택수요가 감소하고 주택가격은 하락하게 된다.

③ 공급이 증가 → 공급이 감소, 임대료는 하락 → 임대료는 상승

④ 수요가 감소 → 수요가 증가

⑤ 주택조세감면은 조세부과와 달리 (주택조세와 무관한 무주택 서민 등에게는) 소득을 재분배하는 효과가 발생하지 않을 수 있다.

⊕ PLUS

주택조세감면은 과세대상이 아닌 무주택서민 등에게는 아무런 영향을 미치지 않기 때문에 소득을 재분배하는 효과가 발생하지 않을 수 있다. 오히려 주택조세감면은 고소득층에게 그 혜택이 더 커질 수 있는 역진적인 소득재분배 효과가 발생할 수 있다.

19 포트폴리오이론에 대한 다음 내용 중 **틀린** 것은?

① 투자대안별 수익률 변동이 유사한 추세를 보일 것으로 예측되는 부동산에 분산투자하는 것이 좋다.

② 위험회피형 투자자 중에서 공격적인 투자자는 보수적인 투자자에 비해 위험이 높더라도 기대수익률이 높은 투자안을 선호한다.

③ 효율적 프런티어(efficient frontier)는 동일한 위험에서 최고의 수익률을 나타내는 투자대안을 연결한 선이다.

④ 효율적 프런티어(efficient frontier)와 투자자의 무차별곡선이 접하는 지점에서 최적 포트폴리오가 결정된다.

⑤ 한 투자자에게 최적인 투자대안이 다른 투자자에게는 최적이 아닐 수 있다.

체크 Plus★★

① 투자대안별 수익률 변동이 유사한 추세를 보일 것으로 예측되는 부동산에 분산 투자하는 것은 바람직하지 않다.

⊕PLUS

여러 자산에 분산투자를 하여 비체계적 위험을 제거하기 위해서는 ㉠ 투자자산 간에 수익률의 방향이 반대로 움직이는 자산조합일수록 바람직하다. ㉡ 투자자산의 수가 많을수록 효율적이다.

- 상관계수(p)=+1 : 비체계적 위험 제거 안 됨.
- 상관계수(p)=−1 : 비체계적 위험 완전 제거됨.
- 상관계수(p)범위 : −1 ≦ 상관계수(p) ≦ +1

∴상관계수가 +1만 아니라면 비체계적위험은 감소한다.

20 A는 매월 말에 40만 원씩 10년 동안 적립하는 적금에 가입하였다. 이 적금의 명목금리는 연 3%이며, 월 복리 조건이다. 이 적금의 미래가치를 계산하기 위한 식으로 옳은 것은?(단, 주어진 조건에 한함)

① $400,000 \times \left\{ \dfrac{\left(1+\dfrac{0.03}{12}\right)^{10\times12}-1}{\dfrac{0.03}{12}} \right\}$ ② $400,000 \times \left\{ \dfrac{\left(1+\dfrac{0.03}{12}\right)^{10\times12}}{\dfrac{0.03}{12}} \right\}$

③ $400,000 \times \left\{ \dfrac{\dfrac{0.03}{12}}{\left(1+\dfrac{0.03}{12}\right)^{10\times12}-1} \right\}$ ④ $400,000 \times \left\{ \dfrac{1-\left(1+\dfrac{0.03}{12}\right)^{-10\times12}}{\dfrac{0.03}{12}} \right\}$

⑤ $400,000 \times \left\{ \dfrac{\dfrac{0.03}{12}}{1-\left(1+\dfrac{0.03}{12}\right)^{-10\times12}} \right\}$

체크 Plus★★★

$400,000 \times \left\{ \dfrac{\left(1+\dfrac{0.03}{12}\right)^{10\times12}-1}{\dfrac{0.03}{12}} \right\}$ 월 복리 조건 :

이자율은 0.03/12월, 기간은 10년×12월이다.

정답 I 19 ① 20 ①

21 **투자에 따른 현금흐름에 대한 내용이다. 틀린 것은?**

① 투자에 따른 현금흐름은 영업 현금흐름과 매각 현금흐름으로 나누어 예상할 수 있다.

② 가능총소득은 단위면적당 추정 임대료에 임대면적을 곱하여 구한 소득이다.

③ 유효총소득은 가능총소득에서 공실손실상당액과 불량부채액(충당금)을 차감하고, 기타 수입을 더하여 구한 소득이다.

④ 순영업소득은 유효총소득에 각종 영업외수입을 더한 소득으로 부동산 운영을 통해 순수하게 귀속되는 영업소득이다.

⑤ 세전현금흐름은 순영업소득에서 부채서비스액을 차감한 소득이다.

22 **임대주택사업의 세후현금수지는 얼마인가? (단, 다른 조건은 고려하지 않음)**

- 순운영소득 : 120,000,000원
- 재산세 : 4,000,000원
- 연간 융자월부금 : 40,000,000원
- 융자이자 : 20,000,000원
- 감가상각 : 10,000,000원
- 소득세율 : 30%

① 2,700만 원   ② 3,400만 원

③ 5,300만 원   ④ 6,200만 원

⑤ 6,900만 원

23 투자분석기법에 대한 내용 중 옳은 것은?

① 내부수익률법에서는 내부수익률과 실현수익률을 비교하여 투자 여부를 결정한다.

② 내부수익률(IRR)은 투자로부터 발생하는 현재와 미래 현금흐름의 순현재가치를 1로 만드는 할인율을 말한다.

③ 2개 투자대안의 투자금액과 회계적 수익률이 각각 동일한 경우, 사업기간 초기에 현금유입이 많은 대안보다, 후기에 현금유입이 많은 대안의 내부수익률이 높다.

④ 내부수익률(IRR)은 수익성지수가 1.0이 되는 할인율이다.

⑤ 여러 투자안의 투자 우선순위를 결정할 때, 순현재가치법과 내부수익률법 중 어느 방법을 적용하더라도 투자 우선순위는 달라지지 않는다.

체크 Plus★★

① 내부수익률법에서는 내부수익률과 요구수익률을 비교하여 투자 여부를 결정한다.

② 순현재가치를 1로 → 순현재가치를 0으로

③ 사업기간 초기에 현금유입이 많은 대안보다, 후기에 현금유입이 많은 대안의 내부수익률이 낮다.

⑤ 순현재가치법과 내부수익률법으로 선택한 투자대안은 같을 수도 다를 수도 있다. 이때에는 부를 극대화하는 기준으로 순현재가치법으로 판단하는 것이 바람직하다.

⊕ PLUS

③번 추가설명

현금유출의 현재가치를 같게 하는 현금유입의 현재가치를 계산할 때 할인율이 (1+m)이라고 하면 후기에 현금유입이 많을수록 커지나 (1+m)으로 할인된 현금유입의 현재가치와 현금유출의 현재가치가 같아지려면 식에서 m은 더 작아지게 된다. 쉽게 생각해서 다른 조건이 같다면 현금유입이 빠를수록 수익률은 높고(=좋고) 늦을수록 수익률이 낮다(=나쁘다).

24 자료를 활용하여 산정한 순소득승수, 채무불이행률, 세후 현금흐름승수를 순서대로 나열한 것은? (단, 주어진 조건에 한함)

• 총투자액 : 30억 원	• 지분투자액 : 8억 원
• 유효총소득승수 : 6	
• 영업경비비율(유효총소득 기준) : 40%	
• 부채서비스액 : 1억 원/년	• 영업소득세 : 0.4억 원/년

① 10, 60%, 5

② 10, 60%, 6

③ 10, 62%, 6

④ 11, 60%, 5

⑤ 11, 65%, 6

25 부동산 투자안에 관한 단순회수기간법의 회수기간은? (단, 주어진 조건에 한함)

기간	1기	2기	3기	4기	5기
초기투자액 1억 원 (유출)					
순현금흐름	2,000 만 원	3,000 만 원	3,000 만 원	1,000 만 원	2,000 만 원

※기간은 연간 기준이며, 회수기간은 월단위로 계산함
※초기투자액은 최초시점에 전액 투입하고, 이후 각 기간 내 현금흐름은 매월 말 균등하게 발생

① 2년 6개월

② 3년

③ 3년 6개월

④ 4년

⑤ 4년 6개월

26 부동산금융에 대한 내용이다. <u>틀린</u> 것은?

① 조인트벤처(joint venture)는 자금조달방법 중 지분금융에 해당한다.

② 자금조달방법 중 부동산 신디케이트(syndicate)는 지분금융에 해당한다.

③ 부동산소유자가 소유권을 신탁회사에 이전하고 신탁회사로부터 수익증권을 교부받아 수익증권을 담보로 금융기관에서 대출을 받는 상품을 부동산신탁이라 한다.

④ 공모(public offering)에 의한 증자는 주식을 발행하는 경우로서 지분금융에 해당한다.

⑤ 부동산투자회사법에 의한 부동산투자신탁(REITs)은 주식회사 형태로서 지분금융에 해당한다.

체크 Plus★★

③ 토지신탁(부동산신탁) → 부동산담보신탁(신탁금융)

27 부동산금융에 대한 내용 중 <u>틀린</u> 것은?

① CD연동주택담보대출의 차입자는 고정금리 모기지론 차입자에 비해서 금리변동위험이 높은 편이다.

② 변동금리대출방식(variable rate mortgage)은 대출자 측에 발생할 수 있는 이자율위험을 차입자에게 전가할 수 있다.

③ 금리상한(interest cap) 변동금리 주택담보대출을 받은 차입자는 금리상한 이상으로 금리가 상승할 때 생기는 금리 변동위험을 줄일 수 있다.

④ 변동금리부 주택담보대출 이자율의 조정 주기가 짧을수록 이자율 변동의 위험은 대출자에서 차입자로 전가된다.

⑤ 총부채상환비율(DTI)은 차입자의 자산 가치를 기준으로 대출가능금액을 산정할 때 사용할 수 있다.

체크 Plus★★

⑤ 총부채상환비율(DTI)은 차입자의 소득을 기준으로 상환능력을 평가할 때 사용한다.

28 대출상환방식에 대한 내용 중 틀린 것은?

① 원리금균등분할상환방식은 원금균등분할상환방식에 비해 대출 초기에 소득이 낮은 차입자에게 유리하다.

② 원금균등상환방식으로 주택저당대출을 받은 경우 저당대출의 매기간 원리금 상환액은 저당상수를 이용하여 계산한다.

③ 원리금균등상환방식에서는 상환초기보다 후기로 갈수록 매기상환액 중 원금상환액이 커진다.

④ 체증(점증)분할상환방식은 원리금 상환액 부담을 초기에는 적게 하는 대신 점차 그 부담액을 늘려 가는 방식으로, 장래에 소득이나 매출액이 늘어날 것으로 예상되는 개인과 기업에 대한 대출방식이다.

⑤ 체증(점증)상환방식은 대출 잔액이 지속적으로 감소하지만 원금을 가장 늦게 상환하는 방식이므로 다른 상환방식에 비해 이자부담이 크다.

체크 Plus★★

② 원금균등상환방식 → 원리금균등상환방식

29 주택저당증권(저당담보증권 : MBS)에 대한 내용 중 틀린 것은?

① MPTS(mortgage pass-though securities)는 지분형 증권이기 때문에 증권의 수익은 기초자산인 주택저당채권집합물(mortgage pool)의 현금흐름(저당지불액)에 의존한다.

② MBB(mortgage backed bond)의 투자자는 최초의 주택저당채권 집합물(mortgage pool)에 대한 소유권을 갖지 않는다.

③ MBB는 조기상환의 위험부담을 투자자에게 전가한다.

④ MPTB는 MPTS와 MBB를 혼합한 성격의 주택저당증권(MBS)이다.

⑤ 다계층저당채권(CMO)은 고정이자율이 적용되는 트랜치도 있고, 유동이자율(floating rate)이 적용되는 트랜치도 있다.

체크 Plus★★

주택저당담보부채권(MBB)의 경우 조기상환위험은 발행자가 부담한다.

⊕PLUS

한편, 주의할 것은 ① **지분형 증권**이라는 표현이다. **지분증권이라는 뜻이 아니며** 모든 권리를 투자자가 가지고 있어서 쓰는 표현이다. MPTS는 실적에 따른 배당이 아닌 투자자가 원금과 이자를 받는 부채증권이다.

30 프로젝트 금융(PF)에 대한 내용 중 틀린 것은?

① 특정 프로젝트로부터 향후 일정한 현금흐름이 예상되는 경우, 사전 계약에 따라 미래에 발생할 현금흐름과 사업자체자산을 담보로 자금을 조달하는 금융기법이다.

② 자본환원율은 부동산자산이 창출하는 순영업소득에 해당 자산의 가격을 곱한 값이다.

③ 자본환원율은 자본의 기회비용을 반영하므로, 자본시장에서 시장금리가 상승하면 함께 상승한다.

④ 프로젝트는 자본시장 내 다른 투자수단들과 경쟁하므로 동일 위험수준의 투자수익률에 수렴하는 경향이 있다.

⑤ 프로젝트 금융은 이해당사자들은 개발 사업에 수반되는 각종 위험을 극복하기 위해 다양한 보증을 제공하게 되며, 이를 통해 동일한 조건의 다른 개발 사업에 비해, 해당 개발사업의 위험이 감소될 수 있다.

체크 Plus★★

① '사업자체 자산 담보'는 보증의 의미이지 부동산 저당설정을 의미하지 않는다.

② 부동산자산이 창출하는 순영업소득을 해당 자산의 가격으로 나눈 값이다.

즉 자본환원율$=\dfrac{\text{순영업소득}}{\text{자산가격}}$ 이다.

⊕PLUS

- ③의 자본환원율$[(\dfrac{\text{순수익}}{\text{자산가격}})\times 100]$은 순수익(=순영업소득)을 자본 환원하는 이율로서, 원본가격(=자산 가격)에 대한 순수익 (=순영업소득)의 비율을 의미한다.

- 투자의사결정을 하는 경우 투자자는 투자 자본을 다른 사업에 투자할 경우 얻을 수 있는 최소한의 순수익(=기회비용=선택 가능한 여러 대안 중에서 특정 대안을 선택하는 경우 포기할 대안 중 가장 최선의 것)을 고려하게 된다. 따라서 시장금리가 상승하거나 해당 투자사업의 위험이 높아지는 경우 그 값을 높이게 된다. 이는 통상 원본가격에 대한 순수익을 백분율로 표시하며, 대상 부동산의 전(全) 내용연수기간 동안의 최유효이용을 전제로 한 이율이다.

- ④의 내용에서 만약 동일 위험이면서도 더 높은 투자수익률을 갖는 투자안(예를 들어 초과이윤이 발생하는 투자안)이 있다면, 경쟁을 통해 투자자산 가격이 상승하여 투자자본의 증가를 수반하며 투자수익률은 점차 낮아지게 된다. 즉, 동일 위험수준의 투자안들은 동일 투자수익률에 수렴하게(=모이게) 된다.

정답 | 30 ②

31 **시장분석과 타당성분석에 대한 다음 내용 중 틀린 것은?**

① 지역경제 분석에서는 대상 지역의 부동산 수요에 영향을 미치는 인구, 고용, 소득 등의 요인을 분석한다.

② 상권분석에서는 대상 점포가 고객을 끌어들이는 지리적 범위를 분석한다.

③ 경제기반승수를 통해, 기반산업 수출부문분의 고용인구 변화가 지역의 전체 고용인구에 미치는 영향을 예측할 수 있다.

④ 해당지역 비기반산업의 비율이 클수록, 경제기반승수는 작아진다.

⑤ 특정지역에서 해당 부동산 유형에 대한 시장성장성, 시장점유율, 개발타당성 등을 파악하는 것이 시장분석의 중요한 내용이다.

32 **직접(자치)관리 방식에 대한 내용 중 틀린 것은?**

① 소유자의 의사능력 및 지휘통제력이 발휘된다.

② 인건비의 절감효과가 있다.

③ 관리업무의 타성(惰性)이 초래되기 쉽다.

④ 전문성이 낮은 경향이 있다.

⑤ 업무의 기밀유지에 유리하다.

정답 ┃　　　　　　　31 ④　32 ②

33 부동산마케팅에 대한 내용 중 **틀린** 것은?

① 마케팅 전략 중 표적시장설정(targeting)이란 마케팅 활동을 수행할만한 가치가 있는 명확하고 유의미한 구매자집단으로 시장을 분할하는 활동을 말한다.

② 부동산마케팅에서 표적시장(target market)이란 세분된 시장 중에서 부동산기업이 표적으로 삼아 마케팅활동을 수행하는 시장을 말한다.

③ 포지셔닝(positioning)은 목표시장에서 고객의 욕구를 파악하여 경쟁 제품과 차별성을 가지도록 제품 개념을 정하고 소비자의 지각 속에 적절히 위치시키는 것이다.

④ 마케팅믹스(marketing mix)는 마케팅 목표의 효과적인 달성을 위하여 이용하는 마케팅 구성요소인 4P(Place, Product, Price, Promotion)의 조합을 말한다.

⑤ 부동산 중개업소를 적극적으로 활용하는 것은 부동산 마케팅 4P(product, price, place, promotion)전략 중 유통경로(place)전략에 해당한다.

체크 Plus★★

시장세분화(segmentation)에 대한 설명이다.

34 부동산 마케팅 4P(price,product,place,promotion)전략 중 제품(product)전략에 해당하지 않는 것은?

① 거주자 라이프스타일을 반영한 평면설계
② 지상주차장의 지하화
③ 단지 내 자연 친화적인 실개천 설치
④ 제품의 광고 및 홍보 활동
⑤ 보안설비의 디지털화

체크 Plus★★

④ 제품의 광고 및 홍보 활동은 커뮤니케이션(의사소통) 전략으로, 여기에는 홍보와 광고 및 판매촉진과 인적판매가 있다.

35 다음 감정평가기법에 대한 내용 중 <u>틀린</u> 것은?

① 기준시점은 미리 정해진 경우를 제외하고는 대상물건의 가격조사를 완료한 날짜로 한다.

② 평가는 대상물건마다 개별로 행하여야 한다. 다만, 2개 이상의 대상물건이 일체로 거래되거나 대상물건 상호 간에 용도상 불가분의 관계가 있는 경우에는 일괄하여 평가할 수 있다.

③ 대로변에 위치한 1필지의 토지는 전·후면으로 가치를 달리하더라도 이를 구분하여 평가할 수 없다.

④ 감정평가법인 등은 법령에 다른 규정이 있는 경우에 기준시점의 가치형성요인 등을 실제와 다르게 가정하거나 특수한 경우로 한정하는 조건(감정평가조건)을 붙여 감정 평가할 수 있다.

⑤ 소급평가란 과거 어느 시점을 기준시점으로 하여 부동산 가격을 평가하는 것을 말한다.

체크 Plus*

③ 구분평가 할 수 있다. 1개의 물건일지라도 가치를 달리하는 부분은 따로 구분하여 평가할 수 있다.

36 감정평가에 있어서 가치와 가격에 대한 다음 내용 중 <u>틀린</u> 것은?

① 주어진 시점에서 대상 부동산의 가치는 다양하다.

② 수요와 공급의 변동에 따라 단기적으로 가치와 가격은 일치하게 되고, 장기적으로 가격은 가치로부터 괴리되는 현상을 나타낸다.

③ 두 가지 이상의 권리가 동일 부동산에 있을 때에는 그 각각의 권리에 가격을 정할 수 있다.

④ 부동산시장은 불완전경쟁시장이지만 부동산가격은 일반적으로 시장에서 경쟁에 의해 결정되므로 소비자와 생산자가 의사결정을 하는데 중요한 지표의 기능을 한다.

⑤ 시장가치는 감정평가의 대상이 되는 토지 등이 통상적인 시장에서 충분한 기간 동안 거래를 위하여 공개된 후 그 대상물건의 내용에 정통한 당사자 사이에 신중하고 자발적인 거래가 있을 경우 성립될 가능성이 가장 높다고 인정되는 대상물건의 가액을 말한다.

체크 Plus**

② 단기적으로 가격은 가치로부터 괴리되지만 장기적으로는 가치와 가격은 일치하게 된다.

정답 I   35 ③   36 ②

37 부동산가격의 제원칙에 대한 다음 내용 중 틀린 것은?

① 부동산가격의 원칙은 부동산의 가치가 어떻게 형성되고 유지되는지 그 법칙성을 찾아내어 평가활동의 지침으로 삼으려는 행동기준이다.

② 예측 및 변동의 원칙은 부동산의 현재보다 장래의 활용 및 변화 가능성을 고려한다는 점에서, 수익환원법의 토대가 될 수 있다.

③ 대체의 원칙은 대체성 있는 2개 이상의 재화가 존재할 때 그 재화의 가치는 서로 관련되어 이루어진다는 원칙으로, 유용성이 동일할 때는 가장 가격이 싼 것을 선택하게 된다.

④ 균형의 원칙은 구성요소의 결합에 대한 내용으로, 균형을 이루지 못하는 과잉부분은 원가법을 적용할 때 경제적 감가로 처리한다.

⑤ 수익배분의 원칙은 토지잔여법의 성립근거가 된다.

체크 Plus★★

④ 원가법을 적용할 때 기능적 감가로 처리한다.

38 ( )에 들어갈 내용으로 옳은 것은?

> 가. 원가방식 : 비용성의 원리, 가액-(가), 임대료-적산법
> 나. 비교방식 : (나)의 원리, 가액-거래사례비교법, 임대료-임대사례비교법
> 다. 수익방식 : 수익성의 원리, 가액-수익환원법, 임대료-(다)

① (가)비용법, (나)시장성, (다)수익해석법
② (가)수익법, (나)객관성, (다)수익분석법
③ (가)원가법, (나)시장성, (다)수익분석법
④ (가)감가법, (나)예측성, (다)임대환원법
⑤ (가)원가법, (나)비교성, (다)임대환원법

체크 Plus★

가. 원가방식 : 비용성의 원리, 가액-(원가법), 임대료-적산법

나. 비교방식 : (시장성)의 원리, 가액-거래사례비교법, 임대료-임대사례비교법

다. 수익방식 : 수익성의 원리, 가액-수익환원법, 임대료-(수익분석법)

39 자료를 활용하여 시산가액 조정을 통해 구한 감정평가액은? (단, 주어진 조건에 한함)

- 거래사례를 통해 구한 시산가액(가치) : 1.0억 원
- 조성비용을 통해 구한 시산가액(가치) : 1.1억 원
- 임대료를 통해 구한 시산가액(가치) : 1.2억 원
- 시산가액 조정 방법 : 가중치를 부여하는 방법
- 가중치 : 원가방식 10%, 비교방식 60%, 수익방식 30%를 적용함

① 1.00억 원　　　② 1.05억 원

③ 1.07억 원　　　④ 1.10억 원

⑤ 1.12억 원

40 원가법에 의한 공장건물의 적산가액은? (단, 주어진 조건에 한함)

- 신축공사비 : 90,000,000원
- 준공시점 : 2××5년 5월 31일
- 기준시점 : 2××7년 5월 31일
- 건축비지수
  - 2××5년 5월 : 100　- 2××7년 5월 : 125
- 전년대비 잔가율 : 70%
- 신축공사비는 준공당시 재조달원가로 적정하며, 감가수정방법은 공장건물이 설비에 가까운 점을 고려하여 정률법을 적용함

① 55,125,000원　　　② 56,325,000원

③ 57,135,000원　　　④ 58,345,000원

⑤ 59,825,000원

공인중개사 1차
국가자격시험

교시	문제형별	시험과목	회차
1교시	A	① 부동산학개론	제7회

★ 초급　★★ 중급　★★★ 고급으로 문제의 난이도를 표시한 것임.

01 부동산학에 대한 다음 내용 중 **틀린** 것은?

① 부동산학은 부동산과 관련된 의사결정과정을 연구하기 위하여, 부동산의 법적·경제적·기술적 측면의 접근을 시도하는 종합응용 사회과학이다.

② 일반적으로 부동산은 일반재화에 비해 거래비용이 많이 들고, 부동산이용의 비가역적 특성 때문에 일반재화에 비해 의사결정 지원 분야의 역할이 더욱 중요하다.

③ 부동산 활동은 토지 등을 대상으로 의사를 결정하고 실행에 옮기는 관리적 측면의 행위이다.

④ 부동산활동은 부동산활동의 주체가 인간이라는 점에서 대물활동이 아니라 대인활동이라 할 수 있으며, 체계화된 이론활동이므로 기술성보다는 과학성이 강조되어야 한다.

⑤ 부동산활동은 과학성과 기술성이 요구된다.

체크 Plus*

④ 부동산활동은 그 주체가 인간이며, 활동의 객체에 따라 대인활동성과 대물활동성을 가지며, 이론과 실무를 함께 하는 활동이므로 이론에서는 과학성이 요구되고, 실무영역에서는 기술성이 요구된다.

02 다음 토지용어에 대한 다음 내용 중 옳은 것은?

① 택지지역, 농지지역, 임지지역 상호 간에 다른 지역으로 전환되고 있는 지역의 토지를 이행지라고 한다.

② 나지(裸地)는 토지 위에 정착물이 없고 공법상 및 사법상의 제한이 없는 토지를 말한다.

③ 획지(劃地)는 하나의 지번이 부여된 토지의 등록단위를 말한다.

④ 맹지(盲地)는 도로에 직접 연결되지 않은 한 필지의 토지이다.

⑤ 부지(敷地)는 자연 상태 그대로의 토지를 말한다.

체크 Plus**

① 택지지역,농지지역, 임지지역 상호 간에 다른 지역으로 전환되고 있는 토지를 후보지라고 한다.

② 나지(裸地)는 사법상의 제한이 없는 토지이다.

③ 필지(筆地)는 하나의 지번이 부여된 토지의 등록단위를 말한다.

⑤ 소지(素地) 또는 원지(原地)는 자연 상태 그대로의 토지를 말한다.

정답 |　　　01 ④　02 ④

03 토지의 특성에 대한 내용이다. 틀린 것은?

① 토지의 영속성은 부동산 시장을 국지화시키는 역할을 한다.

② 부동산 가치(value)는 장래 기대되는 편익을 현재가치로 환원한 값으로 정의되는데, 이러한 정의는 영속성(내구성)과 관련이 깊다.

③ 토지의 가치보존력이 우수한 것은 부동산의 영속성에 기인한다.

④ 자연물인 토지는 유한하여 토지의 독점소유욕을 발생시킨다.

⑤ 부증성으로 인해 토지이용이 집약화된다.

04 부동산 수요 및 공급에 대한 내용이다. 틀린 것은?

① 부동산 수요 및 공급은 일정기간 동안 거래하고자 하는 부동산의 양(量)을 나타내는 플로우 개념이다.

② 부동산 수요는 구입에 필요한 비용을 지불할 수 있는 경제적 능력이 뒷받침된 유효수요의 개념이다.

③ 해당 주택가격 변화에 의한 수요량의 변화는 동일한 수요곡선상의 이동으로 나타난다.

④ 부동산 수요자의 소득이 변하여 동일 가격수준에서 부동산의 수요곡선이 이동하였다면 이를 부동산 수요량의 변화라 한다.

⑤ 다른 조건이 일정하다면 부동산 가격이 상승하면 공급량은 증가하고, 가격이 하락하면 공급량은 감소한다.

정답 I   03 ①   04 ④

05 어떤 부동산에 대한 공급 및 수요함수가 각각 $Q_s=3P$, $Q_{d1}=800-P$이다. 소득증가로 수요함수가 $Q_{d2}=1,300-P$로 변한다면 균형가격과 균형거래량은 어떻게 변하는가? [여기서 P는 가격(단위 : 만 원), Q_{d1}과 Q_{d2}는 수요량(단위 : m²), Q_s는 공급량(단위 : m²), 다른 조건은 일정하다고 가정함]

① 105만 원 상승, 310m² 증가

② 110만 원 상승, 330m² 증가

③ 120만 원 상승, 350m² 증가

④ 125만 원 상승, 375m² 증가

⑤ 130만 원 상승, 395m² 증가

체크 Plus★★

• 균형가격은 200만 원에서 325만 원으로 상승하여 125만 원 상승

• 균형량은 600m²에서 975m²로 증가하여 375m² 증가

⊕PLUS

• 변화 전 : $Q_{d1}=800-P$, $Q_s=3P$가 같아야 함. $800-P=3P$, $800=4P$, $P=200$, $Q_{d1}=600$

• 변화 후 : $Q_{d2}=1,300-P$, $Q_s=3P$가 같아야 함. $1,300-P=3P$, $1,300=4P$, $P=325$, $Q_{d2}=975$

06 부동산 수요와 공급의 탄력성과 관련된 다음 내용 중 옳은 것은? (단, 다른 조건은 불변이라고 가정함)

① 공급이 가격에 대해 완전비탄력적일 때 수요가 증가해도 가격은 변하지 않는다.

② 공급이 가격에 대해 완전탄력적인 경우, 수요가 증가하면 균형거래량은 변하지 않는다.

③ 공급이 가격에 대해 완전탄력적인 경우, 수요가 감소하면 균형가격은 변하지 않고 균형거래량만 증가한다.

④ 수요의 가격탄력성이 완전탄력적이면 가격의 변화와는 상관없이 수요량이 고정된다.

⑤ 부동산시장에서 기술의 개발로 부동산 공급이 증가하는 경우, 수요의 가격탄력성이 작을수록 균형가격의 하락폭은 커진다.

체크 Plus★★

① 공급이 가격에 대해 완전비탄력적일 경우 공급곡선의 형태는 수직선이 되며, 이때 만약 수요가 증가하는 경우 가격만 상승한다.

② 공급이 가격에 대해 완전탄력적인 경우 공급곡선의 형태는 수평선이 되며, 이때 만약 수요가 증가하는 경우 균형거래량만 증가한다.

③ 공급이 가격에 대해 완전탄력적인 경우 공급곡선의 형태는 수평선이 되며, 이때 만약 수요가 감소하는 경우 균형거래량만 감소한다.

④ 수요의 가격탄력성이 완전탄력적이면 수요곡선은 수평선이므로 가격은 불변이며, 수요량은 무한대로 변할 수 있다.

⑤ 공급이 증가하는 경우, 수요의 가격탄력성이 작을수록(비탄력적일수록) 거래량의 증가는 작고 균형가격의 하락폭은 커진다.

07 부동산경기에 대한 다음 내용 중 <u>틀린</u> 것은?

① 부동산경기는 도시별로 다르게 변동할 수 있고 같은 도시라도 도시 안의 지역에 따라 다른 변동양상을 보일 수 있다.

② 부동산 경기변동 국면은 공실률, 건축허가건수, 거래량 등으로 확인할 수 있다.

③ 건축허가량의 전년 동기 대비 증가율이 지난 5월을 정점으로 하여 후퇴기로 접어들었다면 이는 순환적 변동이다.

④ 방학동안 대학가 원룸의 공실이 늘어나는 것은 무작위적 변동(random change)에 해당한다.

⑤ 가격거품으로 건축허가량이 급격히 증가하였다면 이는 무작위적(불규칙) 변동에 해당한다.

체크 Plus*

④ 방학동안 대학가의 원룸의 공실이 늘어나는 것은 '계절적 변동(seasonal variation)'에 해당한다.

08 다음 부동산 경기순환국면별 특징에 대한 내용 중 <u>틀린</u> 것은?

① 회복시장에서 직전 국면 저점의 거래사례가격은 현재시점에서 새로운 거래가격의 하한이 되는 경향이 있다.

② 부동산경기 후퇴국면에서 중개활동은 매수자보다 매도자를 중시하게 된다.

③ 무작위적 변동이란 예기치 못한 사태로 초래되는 비순환적 경기변동 현상을 말한다.

④ 하향국면은 매수자가 중시되고, 과거의 거래사례가격은 새로운 거래가격의 상한이 되는 경향이 있다.

⑤ 회복국면에서는 경기의 회복에 대한 기대감으로 건축허가 신청건수가 점차 증가한다.

체크 Plus**

② 부동산경기 후퇴국면에서 중개활동은 매도자보다 매수자를 중시하게 된다.

정답 I   07 ④   08 ②

09 허프(D. L. Huff)모형을 활용하여, X지역의 주민이 할인점 A를 방문할 확률과 할인점 A의 월 추정매출액을 순서대로 나열한 것은? (단, 주어진 조건에 한함)

- X지역의 현재 주민 : 5,000명
- 1인당 월 할인점 소비액 : 30만 원
- 공간마찰계수 : 2
- X지역의 주민은 모두 구매자이고, A, B, C 할인점에서만 구매한다고 가정

구 분	할인점 A	할인점 B	할인점 C
면적	2,500m²	2,000m²	500m²
X지역 거주지로부터의 거리	5km	10km	10km

① A를 방문할 확률 : 50%, 월 추정매출액 : 75,000만 원

② A를 방문할 확률 : 60%, 월 추정매출액 : 90,000만 원

③ A를 방문할 확률 : 70%, 월 추정매출액 : 105,000만 원

④ A를 방문할 확률 : 80%, 월 추정매출액 : 120,000만 원

⑤ A를 방문할 확률 : 90%, 월 추정매출액 : 135,000만 원

체크 Plus★★★

- A를 방문할 확률

$$= \frac{\dfrac{2,500}{5^2}}{\dfrac{2,500}{5^2}+\dfrac{2,000}{10^2}+\dfrac{500}{10^2}} = \frac{100}{100+20+5} = \frac{100}{125}$$
$$=0.8(80\%)$$

- A의 월 추정매출액=5,000명×0.8×30만 원
=120,000만 원(12억 원)

10 공업입지에 대한 다음 내용 중 틀린 것은?

① 베버(A. Weber)는 운송비·노동비·집적이익을 고려하여 비용이 최소화되는 지점이 공장의 최적입지가 된다고 보았다.

② 기업조직의 공간적 분업, 공간연계 등 기업의 조직구조 변화도 입지요인으로 들 수 있다.

③ 공업입지선정은 시장과 거리가 가장 중요하며, 정치나 국방·개인선호 등의 비경제인자는 고려하지 않는다.

④ 제품이나 원료의 수송수단이 바뀌는 적환지점(break-of-bulk point)은 운송비 절감효과가 크기 때문에, 공장입지에 유리하다.

⑤ 뢰시(A. Lösch)는 베버(A. Weber)와는 달리 수요측면의 입장에서 시장 확대 가능성이 가장 높은 지점에 기업이 위치해야한다고 보았다.

체크 Plus★★

③ 공업입지선정은 시장과 거리가 중요하나 정치나 국방·개인선호 등의 비경제인자도 고려대상이다.

정답 I   09 ④   10 ③

11 지대이론에 대한 다음 내용 중 틀린 것은?

① 고전학파는 토지를 자본과 구별하지 않았으며, 토지의 자연적 특성을 강조하고, 지대를 불로소득으로 간주하였다.

② 신고전학파는 지대는 잉여가 아니라 생산요소에 대한 대가이므로, 지대는 생산물가격에 영향을 주는 요소비용으로 파악하였다.

③ 리카도(Ricardo)는 토지비옥도의 차이 및 비옥한 토지의 한정, 수확체감의 법칙의 작용을 지대 발생 원인으로 보았다.

④ 차액지대설에 따르면 조방적 한계의 토지에는 지대가 발생하지 않으므로 무지대(無地代) 토지가 된다.

⑤ 차액지대설에 따르면 지대는 잉여이기에 토지 생산물의 가격이 높아지면 지대가 높아지고 토지생산물의 가격이 낮아지면 지대도 낮아진다.

체크 Plus**

① 고전학파는 토지를 자본과 엄격히 구별하였으며, 토지의 자연적 특성을 강조하고, 지대를 불로소득으로 간주하였다.

12 다음 (   )에 들어갈 이론 및 법칙으로 옳게 연결된 것은?

> ㉠ 도시 내부 기능지역이 침입, 경쟁, 천이과정을 거쳐 중심업무지구, 점이지대, 노동자지대 등으로 분화함
> ㉡ 두 도시의 상거래흡인력은 두 도시의 인구에 비례하고, 두 도시의 분기점으로부터 거리의 제곱에 반비례 함
> ㉢ 도시공간구조는 중심이 하나가 아니라 몇 개의 분리된 중심이 점진적으로 성장되면서 전체적인 도시가 형성됨
> ㉣ 도시공간구조가 교통망을 따라 확장되어 부채꼴(쐐기) 모양으로 성장하고, 교통축에의 접근성이 지가에 영향을 주며 형성됨

① ㉠ : 동심원이론   ㉡ : 소매인력법칙
　 ㉢ : 선형이론   ㉣ : 다핵심이론

② ㉠ : 동심원이론   ㉡ : 소매인력법칙
　 ㉢ : 다핵심이론   ㉣ : 선형이론

③ ㉠ : 소매인력법칙   ㉡ : 다핵심이론
　 ㉢ : 동심원이론   ㉣ : 선형이론

④ ㉠ : 소매인력법칙   ㉡ : 동심원이론
　 ㉢ : 선형이론   ㉣ : 다핵심이론

⑤ ㉠ : 다핵심이론   ㉡ : 동심원이론
　 ㉢ : 선형이론   ㉣ : 소매인력법칙

체크 Plus**

각각 ㉠ : 동심원이론, ㉡ : 소매인력법칙,
㉢ : 다핵심이론, ㉣ : 선형이론에 해당된다.

13 두 가지 산업이 있는 단핵도시모형을 가정한 입찰지대곡선에 관한 내용 중 틀린 것은?

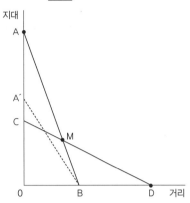

① 점 A, M, D를 연결한 포락선이 이 도시 입찰지대곡선이다.

② 토지수요가 증가하면 교외지역 지가가 점점 상승할 수 있다.

③ 교통체계의 개선으로 AB가 A′B로 이동한다면 도심의 지가수준은 전반적으로 하락할 것이다.

④ 이 그래프로 직주분리현상을 설명할 수 있다.

⑤ 입찰지대곡선은 토지이용에 따른 초과이윤이 극대화되는 지대곡선을 연결한 것이다

체크 Plus★★

⑤ 입찰지대곡선은 단위 면적의 토지에 대해 토지이용자가 지불하고자 하는 최대금액으로, 초과이윤이 '0'이 되는 수준의 지대를 연결한 곡선이다.

14 부동산 시장실패(market failure)와 관련이 없는 것은?

① 공급독점   ② 외부경제

③ 공공재   ④ 완전경쟁

⑤ 정보의 비대칭

체크 Plus★

시장실패(market failure)란 경제활동을 자유시장기구에 맡길 경우에 효율적인 자원배분을 실현하지 못하는 상황을 총칭하며 시장실패가 발생하는 원인은 다음과 같다.

· 규모의 경제에 따른 독점과 시장의 불완전성

· 외부효과(=비가격효과, 근린효과로서 이에 따른 과소비생산, 과대소비생산)

· 공공재(=Public goods – 부동산의 공공재적 성격, 무임승차자 발생에 따른 과소생산)

· 정보의 불완전성 및 비대칭성에 따른 불확실성 등을 들 수가 있다. 완전경쟁은 시장실패의 직접적인 원인은 아니다.

정답 I   13 ⑤ 14 ④

15 개발권양도제도(Transferable Development Rights)와 토지은행(land banking : 토지비축제도)제도에 대한 내용 중 **틀린** 것은?

① 개발권 양도제도는 개발제한으로 인해 규제되는 보전지역(이하 규제지역)에서 발생하는 토지 소유자의 손실을 보전하기 위한 제도이다.

② 초기의 개발권양도제도는 도심지의 역사적 유물 등을 보전하기 위한 목적으로 실시되었다.

③ 개발권양도제도가 남용될 경우, 예외적 개발이 만연하여 용도지역지구제 규제의 틀이 와해될 우려가 있다.

④ 토지은행(land banking : 토지비축제도)제도는 미래의 용도를 위해 정부가 미리 저렴한 가격으로 미개발 토지를 구입하여, 비축하는 간접적인 정부개입수단이라고 볼 수 있다.

⑤ 토지비축제도의 필요성은 토지의 공적 기능이 확대됨에 따라 커질 수 있다.

체크 Plus★★

④ 토지은행(land banking : 토지비축제도)제도는 미래의 용도를 위해 정부가 미리 저렴한 가격으로 미개발 토지를 구입하여, 비축하는 **직접적인 정부개입수단**이라고 볼 수 있다.

16 임대아파트의 수요함수는 $Q^d=1,200-2P$, 공급함수는 $Q^s=100+4P$라고 하자. 이때 정부가 아파트 임대료를 150만 원/m²로 규제했다. 이 규제하에서 시장의 초과수요 또는 초과공급 상황과 그 수량은? (여기서 P는 가격(단위 : 만 원), Q^d, Q^s는 각각 수요량과 공급량(단위 : m²), 다른 조건은 불변이라고 가정)

① 100m² ② 150m²
③ 200m² ④ 250m²
⑤ 300m²

체크 Plus★★★

③ 규제임대료(150만 원)에 따른 수요량(Q^d)과 공급량(Q^s)은 $Q^d=1,200-2×150=900$, $Q^s=100+4×150=700$이 되므로 '초과수요'의 크기는 이 둘의 차이인 200m²이다.

⊕PLUS

만약 위 계산결과 반대로 공급량이 더 많은 경우라면 균형임대료보다 높은 곳에 상한을 설정한 셈이다. 이때에는 시장에 아무런 변화가 없게 되며 초과수요는 물론 초과공급 상황이 나타나지 않는다.

17 **임대료 보조에 대한 내용이다. 틀린 것은?**

① 임대료 보조제도는 수요자 지원 주택정책의 한 형태이다.

② 임대료 보조는 저소득층의 실질소득을 증가시키는 효과를 갖는다.

③ 정부가 저소득층 임차가구에게 임대료보조금을 지급하면 해당 주거서비스가 정상재인 한, 주거서비스 소비가 감소한다.

④ 임대료보조를 받는 저소득층의 효용은 임대료보조를 받지 않은 경우보다 더 높아진다.

⑤ 임대료보조정책은 장기적으로 임대주택의 공급을 증가시킬 수 있다.

18 **부동산 조세에 대한 다음 내용 중 틀린 것은?**

① 임대주택에 재산세가 부과되면, 부과된 세금은 장기적으로 임차인에게 전가될 수 있다.

② 부동산세금은 정부나 지방자치단체가 필요한 재원을 조달하거나 분배의 불공평성을 개선하기 위해 부과하기도 한다.

③ 부동산 조세는 소형주택공급의 확대, 호화주택의 건축 억제 등과 같은 주택문제해결 수단의 기능을 갖는다.

④ 주택의 보유세 감면은 자가 소유를 촉진할 수 있다.

⑤ 지가상승에 대한 기대가 퍼져 있는 상황에서 양도소득세가 중과되어 동결효과(lock-in effect)가 발생하면 지가가 하락한다.

19 레버리지 효과(지렛대 효과 : leverage effect)에 대한 다음 내용 중 **틀린** 것은?

① 융자를 이용하면 자기자본 수익률을 증대시킬 수 있다.

② 자기자본 기대수익률이 차입이자율보다 높으면 차입을 통해서 정(+)의 지렛대 효과(leverage effect)를 얻을 수 있다.

③ 중립적 레버리지 효과란 부채비율이 변화해도 자기자본수익률은 변하지 않는 경우를 말한다.

④ 아파트를 구입했을 때 전세금을 이용하여 자본이득을 보는 경우는 지렛대 효과로 볼 수 없다.

⑤ 부(-)의 레버리지 효과란 부채비율이 커질수록 자기자본수익률이 하락하는 것을 말한다.

체크 Plus★

④의 경우도 자기자본수익률을 크게 하는 정(+)의 지렛대 효과에 해당한다.

20 〈보기〉와 같은 상황에서 임대주택 투자자의 1년간 자기자본수익률은? (단, 소수점 이하는 절사한다)

> **보기**
>
> • 임대주택 총 투자액 : 100백만 원
>   - 차입금 : 70백만 원
>   - 자기자본 : 30백만 원
> • 차입조건 : 이자율 연 5%, 대출기간 동안 매 1년 말에 이자만 지급하고 만기에 원금을 일시 상환
> • 1년간 순영업소득(NOI) : 8백만 원
> • 1년간 임대주택의 가격 상승률 : 2%

① 15%   ② 28%

③ 21%   ④ 25%

⑤ 29%

체크 Plus★★★

자기자본수익률

$= \dfrac{순영업소득 - 이자지급액 + 자본이득}{자기자본}$

$= \dfrac{8백만\ 원 - 70백만\ 원 \times 0.05 + 100백만\ 원 \times 0.02}{30백만\ 원}$

$= \dfrac{8백만\ 원 - 3.5백만\ 원 + 2백만\ 원}{30백만\ 원}$

$= \dfrac{6.5백만\ 원}{30백만\ 원} = 0.21$

21 위험을 처리하는 방법에 대한 내용이다. <u>틀린</u> 것은?

① 수익은 가능한 한 낮게 그리고 비용은 가능한 한 높게 추정하여 수익과 비용의 불확실성을 투자결정에 반영하기도 한다.

② 위험을 처리하는 방법 중 위험조정할인율법은 위험한 투자일수록 낮은 할인율을 적용한다.

③ 민감도분석은 투자효과를 분석하는 모형의 투입요소가 변화함에 따라, 그 결과치에 어떠한 영향을 주는가를 분석하는 기법이다.

④ 사업위험 감소를 위해 투자자는 경제 환경 변화에 민감한 업종인 단일 임차인 보다는 다양한 업종의 임차인으로 구성한다.

⑤ 포트폴리오 이론은 투자 시 여러 종목에 분산투자함으로써 위험을 분산시켜 안정된 수익을 얻으려는 자산투자이론이다.

체크 Plus★

② 위험을 처리하는 방법 중 위험조정할인율법은 위험한 투자일수록 높은 할인율을 적용한다.

22 화폐의 시간가치에 대한 다음 내용 중 <u>틀린</u> 것은?

① 현재 10억 원인 주택이 매년 3%씩 가격이 상승한다고 가정할 때, 일시불의 미래가치계수를 사용하여 10년 후의 주택가격을 산정할 수 있다.

② 정년퇴직자가 매월 연금형태로 받는 퇴직금을 일정기간 적립한 후에 달성되는 금액을 산정할 경우 연금의 미래가치계수를 사용한다.

③ 감채기금계수는 미래에 사용할 금액을 적립하기 위한 매월의 적립금을 계산하는데 사용한다.

④ 일정기간 후에 1원을 만들기 위해서 적립해야 할 액수를 나타내는 자본 환원계수는 연금의 내가계수이고, 역수는 저당상수이다.

⑤ 일시불의 현재가치계수는 할인율이 상승할수록 작아진다.

체크 Plus★★

④ 일정기간 후에 1원을 만들기 위해서 (매기) 적립해야 할 액수를 나타내는 자본 환원계수는 감채기금계수이고, 그 역수는 연금의 내가계수이다.

정답 I   21 ②   22 ④

23 임대인 A와 임차인 B는 임대차계약을 체결하려고 한다. 향후 3년간 순영업소득의 현재가치 합계는? (단, 주어진 조건에 한하며, 모든 현금유출입은 매 기간 말에 발생함)

- 연간 임대료는 1년차 4,000만 원에서 매년 200만 원씩 증가
- 연간 영업경비는 1년차 1,000만 원에서 매년 100만 원씩 증가
- 1년 후 일시불의 현가계수 0.95
- 2년 후 일시불의 현가계수 0.90
- 3년 후 일시불의 현가계수 0.85

① 4,120만 원
② 5,520만 원
③ 6,450만 원
④ 7,630만 원
⑤ 8,360만 원

체크 Plus★★★

⑤ (현재 가치합계) 8,360만 원=2,850만 원+ 2,790만 원+2,720만 원

⊕ PLUS

구분	1년 말	2년 말	3년 말
임대료	4,000만 원	4,200만 원	4,400만 원
영업경비	1,000만 원	1,100만 원	1,200만 원
순영업소득	3,000만 원	3,100만 원	3,200만 원
순영업소득의 현재가치	3,000만 원×0.95=2,850만 원	3,100만 원×0.90=2,790만 원	3,200만 원×0.85=2,720만 원
합계	2,850만 원+2,790만 원+2,720만 원=8,360만 원		

24 다음은 투자분석기법에 대한 내용이다. 틀린 것은?

① 회수기간법은 화폐의 시간적 가치의 차이를 고려하지 못하는 단점이 있다.
② 회수기간법은 회수기간 이후의 현금흐름을 고려하지 않는다는 단점이 있다.
③ 할인현금수지분석법은 예상되는 현금유입의 현가와 현금유출의 현가를 서로 비교하여 투자하는 방법으로 승수법과 수익률법이 있다.
④ 순현가법, 내부수익률법 및 수익성지수법 등은 현금흐름을 할인하여 투자분석을 하는 방법이다.
⑤ 순현재가치(NPV)는 투자자의 요구수익률로 할인한 현금유입의 현가에서 현금유출의 현가를 뺀 값이다.

체크 Plus★

③ 할인현금수지분석법은 예상되는 현금유입의 현가와 현금유출의 현가를 서로 비교하여 투자하는 방법으로 순현가법, 수익성지수법 그리고 내부수익률법이 있다. 승수법과 수익률법은 어림셈법이다.

25 다음과 같은 현금흐름을 갖는 투자안 A의 순현가(NPV)와 내부수익률(IRR)은? [단, 할인율은 연 5%, 사업기간은 1년이며, 사업 초기(1월 1일)에는 현금지출만 발생하고 사업말기(12월 31일)에는 현금유입만 발생함]

투자안	초기 현금지출	말기 현금유입
A	6,000원	6,300원

① 순현가 : 0, 내부수익률 : 5%

② 순현가 : 50, 내부수익률 : 6%

③ 순현가 : 100, 내부수익률 : 7%

④ 순현가 : 150, 내부수익률 : 8%

⑤ 순현가 : 300, 내부수익률 : 9%

체크 Plus★★★

순현가(NPV)=현금유입의 현가−현금유출의 현가

- 현금유입의 현가 $= \dfrac{6,300원}{(1+0.05)} = 6,000원$

- 순현가(NPV)=6,000원−6,000원=0이다.

- 내부수익률(IRR)은 순현가가 0일 때의 할인율이므로 문제에서 주어진 할인율 연 5%가 내부수익률(IRR)인 셈이다.

  또는 $\dfrac{300원}{600원} = 0.05(5\%)$

26 부동산개발사업의 재원조달방안 중 하나인 메자닌 금융 (mezzanine financing)의 유형으로 옳은 것은?

① 주택상환사채

② 자산유동화증권

③ 부동산 신디케이트(syndicate)

④ 조인트 벤처(joint venture)

⑤ 신주인수권부 사채

체크 Plus★

메자닌금융은 주식 관련 권리를 받는 대신, 무담보로 자금을 제공하는 금융기법이다.

⊕PLUS

부동산개발사업의 재원조달방안 중 하나인 메자닌 금융(mezzanine financing)의 유형은 성과 공유형 대출이라고도 불리며 주식을 통한 자금조달이나 대출이 어려울 때 은행 및 대출기관이 배당우선주, 신주인수권부 사채(BW) 인수권, 전환사채(CB) 등 주식 관련 권리를 받는 대신, 무담보로 자금을 제공하는 금융기법이다. 은행 등 대출기관이 출자전환권을 행사해 대주주가 되더라도 기업경영에는 참여하지 않는다는 조건이 붙는다. '메자닌(mezzanine)'은 이탈리아어로 건물의 1층과 2층 사이에 있는 라운지 등의 공간을 의미한다.

27 대출기관에서 부동산의 담보평가 시 자산 가치와 현금수지를 기준으로 최대 담보대출가능금액을 산정하는 경우, 조건이 명시된 대상 부동산의 최대 담보대출가능금액은 각각 얼마인가? (단, 다른 조건은 동일함)

• 대상 부동산의 자산 가치 : 40억 원	• 순영업소득 : 3억 원
• 대부비율 : 60%	• 저당상수 : 0.1
• 부채감당률 : 1.5	

① 15억 원
② 18억 원
③ 20억 원
④ 22억 원
⑤ 26억 원

체크 Plus★★★

- ㉠ 담보인정비율(LTV) : 40억 원×0.6=24억 원
- ㉡ 대출 가능액=$\dfrac{\text{순영업소득}}{\text{부채감당률}\times\text{저당상수}}$

  $=\dfrac{3억\ 원}{1.5\times0.1}$=20억 원
- ㉠, ㉡ 둘 중 작은 금액인 20억 원이 한도이다.

28 다음 중 대출 실행시점의 총부채상환비율(debt to income)이 가장 높고, 첫 회 납입 이후 대출비율(loan to value)이 가장 낮은 상환방식은? (다만, 다른 조건은 동일하다고 가정함)

① 원금균등분할상환
② 원리금균등분할상환
③ 점증식(체증식)상환
④ 원금만기일시상환
⑤ 거치 후 원리금균등분할상환(거치기간 10년)

체크 Plus★★

- 원금균등분할상환 : '총부채상환액=원리금상환액'이고 '10년이 되는 시점 대출비율=저당잔금비율'이다.
- 차입자의 첫 회 월 불입액(원리금상환액)의 크기는 원금균등상환 〉 원리금균등상환 〉 점증식(체증식)상환 순이다.
- 첫 회 월 불입액 납부 후 만기 이전에 중도 상환할 경우 미상환 대출 잔액크기는 원금균등상환 〈 원리금균등상환 〈 점증식(체증식)상환 순이다.

29 부동산투자회사법에 따른 부동산투자회사에 대한 내용 중 옳은 것은?

① 기업구조조정 부동산투자회사의 설립자본금은 10억 원 이상으로, 자기관리 부동산투자회사의 설립자본금은 5억 원 이상으로 한다.

② 영업인가를 받은 날부터 6개월이 지난 자기관리 부동산투자회사의 최저자본금은 70억 원 이상이 되어야 한다.

③ 부동산투자회사는 영업인가(등록) 이후에는 현물출자를 받는 방식으로 신주를 발행할 수 있다.

④ 위탁관리 부동산투자회사의 경우 주주 1인과 그 특별관계자는 발행주식 총수의 20%를 초과하여 소유하지 못한다.

⑤ 영업인가를 받거나 등록을 한 날부터 6개월이 지난 위탁관리 부동산투자회사 및 기업구조조정 부동산투자회사의 최저자본금은 각각 70억 원 이상이 되어야 한다.

30 프로젝트 금융(프로젝트 파이낸싱 : PF)에 대한 내용이다. 옳은 것은?

① 프로젝트 금융의 자금은 건설회사 또는 시공회사가 자체계좌를 통해 직접 관리한다.

② 부동산 프로젝트금융에서는 대상 부동산을 담보로 제공받으며, 소구금융(recourse loan)이 일반적이다.

③ 프로젝트 금융의 상환재원은 사업주의 모든 자산을 기반으로 한다.

④ 프로젝트 회사는 원칙적으로 일정한 요건을 통한 법인세 감면을 받을 수는 없다.

⑤ 프로젝트 금융이 부실화될 경우 해당 금융기관의 부실로 이어질 수 있다.

31 부동산개발에 대한 다음 내용 중 <u>틀린</u> 것은?

① 토지소유자가 사업을 시행하면서 건설업체에 공사를 발주하고 공사비의 지급은 분양 수입금으로 지급한다면, 이는 분양금 공사비 지급(청산)형 사업방식에 해당된다.

② 등가교환방식의 경우, 토지소유자가 토지를 제공하고 개발업자가 건물을 건축하여, 그 기여도에 따라 각각 토지·건물의 지분을 갖는다.

③ 사업위탁방식은 토지소유자가 토지소유권을 유지한 채 개발업자에게 사업시행을 맡기고 개발업자는 사업시행에 따른 수수료를 받는 방식이다.

④ 토지신탁(개발)방식과 사업수탁방식은 형식의 차이가 있으나, 소유권을 이전하고 사업주체가 토지소유자가 된다는 점이 동일하다.

⑤ 부동산신탁개발에서 토지소유자인 위탁자는 신탁수익권을 양도할 수 있어 유동성을 확보할 수 있다.

체크 Plus**

④ 소유권을 이전하는 형식을 취하는 것은 토지신탁(개발)방식의 경우에만 해당된다.

32 다음에서 설명하는 사회기반시설에 대한 민간투자방식을 〈보기〉에서 올바르게 고른 것은?

- 사회기반시설의 준공과 동시에 해당 시설의 소유권이 국가 또는 지방자치단체에 귀속되며, 사업시행자에게 일정기간의 시설관리운영권을 인정하는 방식이다.

- 사회기반시설의 준공과 동시에 해당 시설의 소유권이 국가 또는 지방자치단체에 귀속되며, 사업시행자에게 일정기간의 시설관리운영권을 인정하되, 그 시설을 국가 또는 지방자치단체 등이 협약해서 정한 기간 동안 임차하여 사용·수익하는 방식이다.

보기

㉠ BOT(build-operate-transfer)
㉡ BLT(build-lease-transfer)
㉢ BTO(build-transfer-operate)
㉣ BOO(build-own-operate)
㉤ BTL(build-transfer-lease)

① ㉠, ㉡   ② ㉡, ㉢   ③ ㉢, ㉣
④ ㉣, ㉤   ⑤ ㉢, ㉤

체크 Plus*

각각 ㉢ BTO와 ㉤ BTL에 대한 설명이다.

정답 | 31 ④   32 ⑤

33 다음은 각 산업별, 도시별 고용자 수에 대한 통계이다. 고용자 수의 상대적 비율을 이용한 입지계수(locational coefficient, locational quotient)로 볼 때 A도시가 B도시에 비해 특화되어 있는 산업은 어떤 산업인가?

산업구분	전국	A도시	B도시
제조업	4,000명	400명	1,300명
금융업	5,000명	600명	1,600명
부동산업	1,000명	300명	400명
합계	10,000명	1,300명	3,300명

① 제조업
② 금융업
③ 부동산업
④ 제조업, 금융업
⑤ 금융업, 부동산업

⊕PLUS

산업구분	A도시		B도시
제조업/(전산업) 합계	400/1,300=0.307	〈	1,300/3,300=0.393
금융업/(전산업) 합계	600/1,300=0.461	〈	1,600/3,300=0.484
부동산업/(전산업) 합계	300/1,300=0.230	〉	400/3,300=0.121

34 부동산마케팅에 대한 내용이다. <u>틀린</u> 것은?

① 부동산마케팅은 부동산에 대한 소비자 및 고객의 태도와 행동을 형성·유지·변경하게 만드는 제반활동이다.

② 부동산마케팅을 효과적으로 수행하기 위해서는 마케팅환경을 잘 고려해야 한다.

③ 부동산상품의 마케팅계획 시에는 품질, 설계, 입지조건, 상표 등을 고려해야 한다.

④ 일반적으로 개발될 공간의 임대활동은 건설단계에서부터 이루어지는 것이 바람직하다.

⑤ 소비자의 가족구성은 소비자구매행동에 영향을 미친다.

정답 I   33 ③   34 ④

35 감정평가에 관한 다음 내용 중 옳은 것은?

① 기준시점은 대상물건의 감정평가액을 결정하기 위해 현장조사를 완료한 날짜를 말한다.

② 구분평가란 일체로 이용하고 있는 물건의 일부만을 평가하는 경우를 말한다.

③ 1필의 토지 일부분이 도시계획시설에 저촉되어 수용될 경우 저촉부분에 대해 보상평가를 하는 것은 구분평가이다.

④ 감정평가에 관한 규칙에서는 가격조사가 가능한 경우라 하더라도 소급하여 평가할 수 없도록 하고 있다.

⑤ 법정평가란 법규에서 정한대로 행하는 평가로서, 공공용지 수용 시 평가, 과세평가 등이 있다.

체크 Plus★★

① 기준시점은 대상물건의 가격조사를 완료한 날짜로 한다.

② 구분평가 → 부분평가

③ 도시계획시설에 저촉되어 수용되는 경우 저촉부분에 대해 보상평가를 하는 경우에는 부분평가를 한다.

④ '기준시점은 대상물건의 가격조사를 완료한 날짜로 한다. 다만, 기준시점을 미리 정하였을 때에는 그 날짜에 가격조사가 가능한 경우에만 기준시점으로 할 수 있다.'라고 하여 소급평가가 인정된다.

36 지역분석에 대한 내용이다. 다음 중 옳은 것은?

① 인근지역은 대상 부동산이 속해 있지 않지만 그 지역적 특성이 대상 부동산의 가치형성에 영향을 미치는 지역이다.

② 대상 부동산과 같은 동(洞)에 속한 지역은 인근지역으로 설정하여야 한다.

③ 유사지역은 인근지역과 지역특성이 유사한 지역으로 가격 면에서는 유사한 지역이 아니다.

④ 인근지역과 동일수급권 내 유사지역은 지리적으로 인접할 필요는 없으나 그 지역 내 부동산 상호 간에 대체·경쟁관계가 성립하여 가격형성에 영향을 미치는 지역이다.

⑤ 사례자료를 동일수급권 내 유사지역에서 구할 경우 지역요인의 비교과정은 필요하지 않다.

체크 Plus★★

① 인근지역은 대상 부동산이 속해 있는 지역으로서 그 지역적 특성이 대상 부동산의 가치형성에 직접적으로 영향을 미치는 지역이다.

② 인근지역의 경계는 자연적 경계와 공법상의 규제 등에 의해 확정될 수도 있지만 반드시 일치한다고 볼 수 없으며 인근지역은 표준적 이용을 기준으로 한 감정평가상 현실적 용도지역이다.

③ 가격 면에서 유사한 지역이다.

⑤ 사례자료를 동일수급권 내 인근지역에서 구할 경우 지역요인의 비교과정은 필요하지 않다.

37 〈보기〉와 같은 현상을 설명할 수 있는 감정평가 이론상의 부동산 가격원칙은?

체크 Plus**

대상부동산과 인근지역과의 관계를 나타내며 외부와 관련된 것으로서 '적합의 원칙'과 연관된다.

> **보기**
>
> • X지역은 주거비 부담능력이 낮은 서민들이 거주하는 단독주택지역이다.
> • X지역에 건설업자가 고급 타운하우스를 건축하였다.
> • 거래사례비교법을 적용하여 해당 고급 타운하우스를 평가한 가격이 건축비용에도 미치지 못하였다.

① 균형의 원칙　　　　② 최유효 이용의 원칙

③ 적합의 원칙　　　　④ 변동의 원칙

⑤ 수익배분의 원칙

⊕PLUS

거래사례비교법을 적용하여 해당 고급 타운하우스를 평가한 가격이 건축비용에도 미치지 못하였다면 서민들이 거주하는 단독주택지역에 어울리지 않은 이용이므로 경제적 감가의 대상이 될 것이다.

38 자료를 활용하여 거래사례비교법으로 산정한 대상토지의 감정평가액은? (단, 주어진 조건에 한함)

체크 Plus***

대상 토지가액=거래사례가격(200,000,000원)×

$\dfrac{\text{대상 토지 면적}(120)}{\text{사례 토지 면적}(100)}$×지가변동률(1.03)×

$\dfrac{\text{대상 토지 개별요인}(100\% - 5\%)}{\text{사례 토지개별요인}(100\%)}$

=234,840,000원

> • 대상 토지 : A시 B동 150번지, 토지 120m² 제3종일반주거지역
> • 기준시점 : 2××8. 9. 1.
> • 거래사례의 내역
> 　- 소재지 및 면적 : A시 B동 123번지, 토지 100m²
> 　- 용도지역 : 제3종일반주거지역
> 　- 거래사례가격 : 200,000,000원
> 　- 거래시점 : 2××8. 3. 1.
> 　- 거래사례의 사정보정 요인은 없음
> • 지가변동률(2××8. 3. 1. ~ 9. 1) A시 주거지역 3% 상승함
> • 지역요인 : 대상 토지는 거래사례의 인근지역에 위치함
> • 개별요인 : 대상 토지는 거래사례에 비해 5% 열세함
> • 상승식으로 계산할 것

① 214,440,000원　　　　② 233,640,000원

③ 234,840,000원　　　　④ 254,540,000원

⑤ 278,340,000원

39 A면 B리 자연녹지지역 내의 공업용 부동산을 비교방식으로 감정 평가할 때 적용할 사항으로 옳은 것을 모두 고른 것은?

> ㉠ B리에 자연녹지지역 내의 이용 상황이 공업용인 표준지가 없어 동일수급권인 인근 C리의 자연녹지지역에 소재하는 공업용 표준지를 비교표준지로 선정하였다.
>
> ㉡ B리에 소재하는 유사물건이 소유자의 급박한 사정으로 인해 시세보다 저가로 최근에 거래되었는데, 어느 정도 저가로 거래되었는지는 알 수 없어 비교사례로 선정하지 않았다.
>
> ㉢ 공시지가기준법 적용에 따른 시점 수정 시 지가변동률을 적용하는 것이 적절하지 아니하여 통계청이 조사·발표하는 소비자물가지수에 따라 산정된 소비자물가상승률을 적용하였다.

① ㉠

② ㉡

③ ㉢

④ ㉠, ㉡

⑤ ㉡, ㉢

40 자본회수에 관한 설명으로 옳지 않은 것을 모두 고른 것은?

> ㉠ 잔여환원법의 투하자본 회수방법으로는 직선환원법(직선법), 감채기금환원법(감채기금법), 평준연금환원법(연금법)이 있다.
>
> ㉡ 직선환원법(직선법) 및 감채기금환원법(감채 기금법)은 매 기간마다 순영업소득이 감소한다고 가정하는 반면 평준연금환원법(연금법)에서는 매 기간마다 순영업소득이 일정하다고 가정한다.
>
> ㉢ 감채기금환원법(감채기금법)은 자본회수분을 재투자하는 것으로 가정하는데 이때 재투자율은 안전율로 한다.
>
> ㉣ 잔여환원법에서 평가가치의 크기는 다른 조건이 동일할 때 직선환원법 적용 시 가장 크고 평준연금환원법(연금법) 적용 시 가장 작다.
>
> ㉤ 저당지분환원법에서는 매 기간의 순영업소득에서 별도의 자본회수를 하지 않는다.

① ㉠, ㉡

② ㉡, ㉢

③ ㉢, ㉣

④ ㉣, ㉤

⑤ ㉡, ㉣

공인중개사 1차

국가자격시험

교시	문제형별	시험과목	회차
1교시	B	① 부동산학개론	제8회

★ 초급 ★★ 중급 ★★★ 고급으로 문제의 난이도를 표시한 것임.

01 부동산에 대한 다음 내용 중 틀린 것은?

① 부동산 관리는 물리·기능·경제 및 법률 등을 포괄하는 복합개념이다.

② 토지와 그 토지 위의 정착물이 각각 독립된 거래의 객체이면서도 마치 하나의 결합된 상태로 다루어져 부동산 활동의 대상으로 삼을 때 이를 복합부동산이라 한다.

③ 부동산에 관한 권리는 거래의 대상이 될 수 있다.

④ 부동산은 등기함으로써 공시의 효과를 갖는다.

⑤ 넓은 의미의 부동산은 토지 및 그 정착물을 말한다.

체크 Plus★

⑤ 좁은 의미의 부동산은 토지 및 그 정착물을 말한다.

02 쓰레기 소각장설치, 매립지 또는 공원의 설치, 주변의 지하철역사 설치 등과 같은 외부효과의 원인을 설명해 줄 수 있는 부동산의 특성은?

① 부동성   ② 영속성

③ 부증성   ④ 개별성

⑤ 적재성

체크 Plus★

① 부동산의 특성인 부동성 또는 인접성이다.

정답 | 01 ⑤   02 ①

03 다음 법률적 요건을 모두 갖춘 주택은?

- 학생 또는 직장인 등 여러 사람이 장기간 거주할 수 있는 구조로 되어 있는 단독주택에 해당한다.
- 독립된 주거의 형태를 갖추지 아니한 것(각 실 별로 욕실은 설치할 수 있으나, 취사시설은 설치하지 아니한 것을 말함)
- 1개 동의 주택으로 쓰이는 바닥면적의 합계가 660 이하이고, 주택으로 쓰는 층수(지하층은 제외)가 3개 층 이하이다.

① 아파트 ② 다세대주택

③ 연립주택 ④ 다가구주택

⑤ 다중주택

체크 Plus★★

⑤ 다중주택에 해당한다.

04 부동산수요와 공급에 대한 내용이다. 틀린 것은? (단, 다른 요인은 불변임)

① 가격 이외의 다른 요인이 수요량을 변화시키면 수요곡선이 좌측 또는 우측으로 이동한다.

② 아파트의 가격이 상승하는 경우 대체재인 오피스텔의 가격은 하락한다.

③ 다른 요인은 불변이라고 가정할 때 장기 주택저당대출제도의 활성화는 무주택가구의 주택구입을 쉽게 해준다.

④ 소득이 10% 증가하자 어떤 부동산의 수요량이 8% 증가하였다. 이 사실을 통해 볼 때, 이 부동산은 정상재이다.

⑤ 재산세의 강화, 가구 수의 감소는 아파트에 대한 수요의 감소요인이다.

체크 Plus★★

② 대체재 : 아파트 가격상승 → 아파트 수요감소 → (대신) 오피스텔 수요증가 → 오피스텔 가격상승

⊕ PLUS

한편, ④에서 소득이 증가(+10%)할 때 수요가 증가(+8%)하였으므로 정상재(우등재)이다. 소득이 증가할 때 수요가 감소하는 재화라면 이는 열등재이다.

05 다른 조건은 동일하다고 할 때 부동산시장에서 주택의 공급곡선을 우측으로 이동시키는 요인은 몇 개인가?

> ㉠ 주택건설업체 수의 증가
> ㉡ 주택건설용 원자재 가격의 하락
> ㉢ 신기술의 개발에 따른 원가절감
> ㉣ 주택건설용 토지가격의 하락
> ㉤ 주택담보대출금리의 하락

① 1개   ② 2개
③ 3개   ④ 4개
⑤ 5개

06 수요의 가격탄력성에 대한 내용이다. 옳은 것은? (단, 수요의 가격탄력성은 절대값을 의미하며, 다른 조건은 동일함)

① 우하향하는 선분으로 주어진 수요곡선의 경우, 수요곡선상의 측정지점에 따라 가격탄력성은 다르다.

② 대체재가 있는 경우 수요의 가격단력성은 대체재가 없는 경우보다 비탄력적이 된다.

③ 부동산의 용도전환이 용이할수록 수요의 가격탄력성은 작아진다.

④ 일반적으로 부동산 수요에 대한 관찰기간이 길어질수록 수요의 가격탄력성은 작아진다.

⑤ 수요의 가격탄력성이 1보다 작을 경우 임대인의 수입은 임대료가 상승함에 따라 감소한다.

⊕ PLUS

탄력성을 수학적으로 나타내면 $\dfrac{\frac{\Delta Q}{Q}}{\frac{\Delta P}{P}} = \dfrac{\Delta Q}{\Delta P} \cdot \dfrac{P}{Q}$ 이다. 따라서 기울기의 역수($\dfrac{\Delta Q}{\Delta P}$)가 동일하더라도 P값이 크고 Q값이 작을수록 탄력성은 커지고 그 반대는 작아진다.

07 어떤 지역에서 토지의 시장공급량(Q^s)은 400이다. 토지의 시장수요함수가 $Q^d_1=600-2P$에서 $Q^d_2=500-2P$로 변화하면 시장의 균형가격은 얼마만큼 감소하는가? (P는 가격, Q^d는 수요량이며, 다른 조건은 일정하다고 가정한다.)

① 40 하락
② 50 하락
③ 60 하락
④ 70 하락
⑤ 80 하락

체크 Plus★★★

② 균형가격은 50 하락이다.

변화 전 : $Q^s=400$과 $Q^d_1=600-2P$가 같아야 함.
$400=600-2P$, $P=100$

변화 후 : $Q^s=400$과 $Q^d_2=500-2P$가 같아야 함.
$400=500-2P$, $P=50$

08 오피스텔 분양시장의 수요함수가 $Q_d=900-\frac{3}{2}P$로 주어져 있다. 이 경우 사업시행자가 분양수입을 극대화하기 위해 책정해야 할 오피스텔 분양가격은? (단, P는 분양가격이고 단위는 만 원/m^2, Q_d는 수요량이고 단위는 m^2, X축은 수량, Y축은 가격이며, 주어진 조건에 한함)

① 100만 원/m^2
② 150만 원/m^2
③ 200만 원/m^2
④ 250만 원/m^2
⑤ 300만 원/m^2

체크 Plus★★★

TR(총수입)은 $P×Q_d=P×(900-\frac{3}{2}P)=900P-\frac{3}{2}P^2$이다. 그런데 경제이론상 MR(한계수입)=0일 때 그 수입이 최대가 된다. 따라서 TR(총수입)를 미분하면 MR(한계수입)=$900+3P=0$, $P=300$이다.
한편 직접 대입하는 방법을 적용하여 총수입을 구하여 확인할 수도 있다.

09 부동산시장에 대한 다음 내용 중 틀린 것은?

① 부동산시장은 지역의 경제적·사회적·행정적 변화에 따라 영향을 받으며, 수요·공급도 그 지역 특성의 영향을 받는다.

② 부동산시장에서는 정보의 비대칭성으로 인해 부동산 가격의 왜곡현상이 나타나기도 한다.

③ 주택이란 이질성이 강한 제품이므로 용도적으로 동질화된 상품으로 분석해서는 안 된다.

④ 부동산시장은 수요와 공급의 조절이 어려워 단기적으로 가격왜곡이 발생할 가능성이 높다.

⑤ 부동산시장은 상황이 변하여도 수요와 공급을 조절하는데 많은 시간이 소요되는 경우가 많다.

체크 Plus★★

③ 주택은 물리적으로 이질적이지만 주거서비스(주택서비스 : housing service – 주택으로부터 얻는 만족이나 효용) 개념을 사용하는 경우 동질적 상품으로 취급할 수 있다.

10 주택여과과정에 대한 다음 내용 중 틀린 것은?

① 주택여과과정은 주택의 질적 변화와 가구의 이동과의 관계를 설명해 준다.

② 주택의 하향 여과과정이 원활하게 작동하면 저급주택의 공급량이 감소한다.

③ 개인은 주어진 소득이라는 제약조건 하에 최대의 만족을 얻을 수 있는 주택서비스를 소비한다.

④ 고소득층 주거지역과 인접한 저소득층 주택은 할증료(premium)가 붙어 거래되며, 저소득층 주거지역과 인접한 고소득층 주택은 할인되어 거래될 것이다.

⑤ 주택시장에서 불량주택과 같은 저가주택이 생산되는 것은, 시장의 실패에 기인하는 것으로 볼 수 없다.

체크 Plus★★

② 주택의 하향 여과과정이 원활하게 작동하면 저급주택의 공급량은 증가하고 그 비중도 증가하며, 고급주택은 이전보다 감소하고 그 비중도 감소하나 사회전체 주택량은 증가한다. 신축이 있기 때문이다.

⑤ 불량주택과 같은 저가주택이 생산되는 것은 자원배분의 결과이지 시장의 실패에 기인하는 것으로 볼 수 없다.

11 부동산 시장과 효율적 시장가설에 대한 다음 내용 중 **틀린** 것은?

① 강성 효율적 시장은 공표된 정보는 물론이고 아직 공표되지 않은 정보까지도 시장가치에 반영되어 있는 시장이므로 이를 통해 초과이윤을 얻을 수 없다.

② 부동산시장은 대부분 강성 효율적 시장이며, 시장참여자들은 초과이윤을 누릴 수 없다.

③ 진입장벽의 존재는 부동산시장을 불완전하게 만드는 원인이다.

④ 부동산에 가해지는 다양한 공적 제한은 부동산시장의 기능을 왜곡할 수 있다.

⑤ 부동산시장의 분화현상은 경우에 따라 부분시장(sub-market)별로 시장의 불균형을 초래하기도 한다.

체크 Plus*

② 부동산시장은 현실의 불완전경쟁시장으로서 준강성 효율적 시장까지 나타날 수 있다고 본다. 그리고 미래정보(=내부정보)를 입수하는 경우라면 초과이윤을 얻을 수 있다.

12 특정 지역에 대규모 쇼핑몰 개발 사업이 진행된다는 정보가 있다. 다음과 같이 주어진 조건 하에서 합리적인 투자자가 최대한 지불할 수 있는 이 정보의 현재가치는? (단, 주어진 조건에 한함)

- 쇼핑몰 개발예정지 인근에 일단의 A토지가 있다.
- 2년 후 도심에 쇼핑몰이 개발될 가능성은 60%로 알려져 있다.
- 2년 후 도심에 쇼핑몰이 개발되면 A토지의 가격은 12억 1,000만 원, 개발되지 않으면 9억 750만 원으로 예상된다.
- 투자자의 요구수익률(할인율)은 연 10%이다.

① 0.8억 원
② 1.0억 원
③ 1.2억 원
④ 1.4억 원
⑤ 1.6억 원

체크 Plus***

- 정보가치=㉠ 확실성 하의 현재가치(10억 원)−㉡ 불확실성 하의 현재가치(9억 원)=1억 원

㉠ 확실성 하의 현재가치
$$=\frac{1.0\times121{,}000만\ 원+0.0\times90{,}750만\ 원}{(1+0.1)^2}$$
$$=\frac{121{,}000만\ 원}{1.21}=100{,}000만\ 원$$

㉡ 불확실성 하의 현재가치
$$=\frac{0.6\times121{,}000만\ 원+0.4\times90{,}750만\ 원}{(1+0.1)^2}$$
$$=\frac{108{,}900만\ 원}{1.21}=90{,}000만\ 원$$

13 다음 그림은 가상도시의 상점입지를 나타낸 것이다. 이 그림에 대한 내용 중 가장 적절하지 <u>않은</u> 것은? (단, 거리에 대한 소비자의 거리마찰계수 값은 2이다)

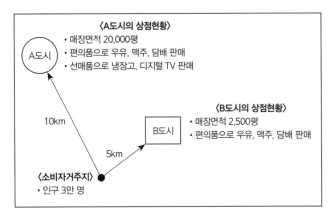

〈A도시의 상점현황〉
• 매장면적 20,000평
• 편의품으로 우유, 맥주, 담배 판매
• 선매품으로 냉장고, 디지털 TV 판매

A도시

10km

5km

B도시

〈B도시의 상점현황〉
• 매장면적 2,500평
• 편의품으로 우유, 맥주, 담배 판매

〈소비자거주지〉
• 인구 3만 명

① A도시에서 판매하는 선매품인 디지털 TV는 우유, 맥주 등의 편의품과 같은 일상생활에 필요한 필수품보다 상품의 도달거리가 보다 멀다.

② 소비자 거주지의 주민들이 다목적 구매여행(multi-purpose trip) 행태를 보이는 경우, 편의품만 판매하는 B도시보다는 보다 다양한 제품을 취급하는 A도시로 갈 가능성이 커질 수 있다.

③ 허프(D. L. Huff)의 확률적 상권모형에 따를 경우, 소비자가 A도시로 구매하러 갈 고객은 20,000명이다.

④ 허프의 확률적 상권모형에 따를 경우, B도시 상점의 고객유인력은 거리의 제곱에 비례하고, 매장규모에 반비례한다.

⑤ A도시의 경우, 매장면적이 크므로 중심지기능 유지에 필요한 A도시의 최소요구치(threshold) 수준은 B도시보다 크다.

14 다음 중 법령을 기준으로 현재 우리나라에서 시행되고 있는 제도를 모두 고른 것은?

| ㉠ 개발행위허가제 | ㉡ 택지소유상한제 |
| ㉢ 용도지역·지구제 | ㉣ 토지초과이득세제 |

① ㉠, ㉡, ㉢　　　　② ㉠, ㉡, ㉣

③ ㉡, ㉢, ㉣　　　　④ ㉠, ㉢

⑤ ㉢, ㉣

---

15 부동산개발과 관련된 내용이다. 다음 내용 중 틀린 것은?

① 사유재산권의 보장은 개개인이 재산을 소유하고 상속하는 것은 물론, 법률의 범위 내에서 사용·수익·처분할 권리를 인정하는 것이다.

② 공공기관의 개발사업 등에 의하여, 토지소유자가 자신의 노력에 관계없이 지가가 상승되어 현저한 이익을 받은 때에, 국가는 그 이익(개발이익)을 환수할 수 있다.

③ 공영개발은 주로 대규모 개발 사업에 이용되어 왔다.

④ 시장기구를 통한 토지자원의 최적배분이 어렵다는 점에서 택지공영개발이 의의가 있다.

⑤ 환지방식은 초기에 막대한 토지구입비용이 들기 때문에 사업시행자가 재정지출을 효율적으로 관리하기 어렵다.

16 정부의 부동산정책에 대한 다음 내용 중 틀린 것은?

① 개발권양도제도(TDR)란 개발제한으로 인해 규제되는 보전지역에서 발생하는 토지소유자의 손실을 보전하기 위한 제도이다.

② 개발권양도제도는 규제지역 토지 소유자의 재산상의 손실을 시장을 통하지 않고 해결하려는 제도이다.

③ 토지은행제도는 공공이 장래에 필요한 토지를 미리 확보하여 보유하는 제도다.

④ 토지은행제도는 적절한 투기방지 대책 없이 대량으로 토지를 매입할 경우 지가상승을 유발할 수 있다.

⑤ 토지은행제도는 정부 등이 사전에 토지를 비축하여 토지 시장의 안정을 위한 공적개입수단의 의미도 갖는다.

정답 | 15 ⑤   16 ②

17

분양가상한제에 대한 내용이다. 틀린 것은?

① 분양가상한제 도입배경은 주택가격을 안정시키고, 무주택자의 신규주택구입 부담을 경감시키기 위해서이다.

② 신규주택의 분양가를 규제할 경우 신규분양주택의 질이 하락하는 문제점이 나타날 수 있다.

③ 분양가 상한제는 주택건설업체의 수익성을 낮추는 요인으로 작용하여 주택공급을 감소시킬 수 있다.

④ 분양가격을 시장가격 이하로 규제하는 분양가상한제의 경우 수요의 가격탄력성이 비탄력적일수록 초과수요량은 더 커진다.

⑤ 분양가 상한제는 장기적으로 민간의 신규주택 공급을 위축시킴으로써 주택가격을 상승시킬 수 있다.

18

부동산조세에 대한 내용 중 틀린 것은?

① 양도소득세의 중과는 부동산 보유자로 하여금 매각을 뒤로 미루게 하는 동결효과(lock-in effect)를 발생시킬 수 있다.

② 양도소득세가 중과되면, 주택공급의 동결효과(lock-in effect)로 인해 주택가격이 상승할 수 있다.

③ 토지이용을 특정 방향으로 유도하기 위해 정부가 토지보유세를 부과할 때에는 토지용도에 따라 차등과세를 하여야 한다.

④ 절세와 조세회피는 합법적으로 세금을 줄이려는 행위이며, 탈세는 불법적으로 세금을 줄이려는 행위이다.

⑤ 양도소득세납부 후 매도인(공급자)이 실제로 받는 대금은 양도소득세가 중과되기 전보다 항상 높아질 것이다.

19 상가 경제상황별 예측된 확률이 다음과 같을 때 상가의 기대수익률이 10%라고 한다. 정상적 경제상황의 경우 (   )에 들어갈 예상수익률은? (단, 주어진 조건에 한하며, 근사치를 구한다)

상가의 경제상황		경제 상황별 예상수익률(%)	상가의 기대수익률(%)
상황별	확률(%)		
비관적	20	2	
정상적	60	( )	10
낙관적	20	14	

① 11.3% ② 12.5%

③ 14.0% ④ 15.1%

⑤ 16.4%

체크 Plus★★★

$0.2×2\%+0.6x+0.2×14\%=10\%,$

$0.4\%+0.6x+2.8\%=10\%,$

$0.6x=6.8\%,$

$x=11.3\%$

20 부동산투자에 따른 위험의 처리방법에 대한 다음 내용 중 틀린 것은?

① 민감도분석(sensitivity analysis)이란 투자효과를 분석하는 모형의 투입요소가 변화함에 따라 그 결과치가 어떠한 영향을 받는가를 분석하는 것이다.

② 위험관리 방법으로 요구수익률을 하향조정하고, 평균분산분석 등을 실시한다.

③ 요구수익률을 결정하는데 있어 감수해야 하는 위험의 정도에 따라 위험할증률을 더한다.

④ 포트폴리오에 편입되는 투자안의 수를 늘리면 늘릴수록 비체계적인 위험이 감소되는 것을 포트폴리오효과라고 한다.

⑤ 포트폴리오 구성자산들의 수익률분포가 완전한 음의 상관관계(−1)에 있을 경우, 자산구성비율을 조정하면 비체계적 위험을 0까지 줄일 수 있다.

체크 Plus★★

② 위험한 투자안일수록 요구수익률(위험조정할인율)을 상향조정하게 된다.

21 투자자 甲은 부동산 구입자금을 마련하기 위하여 3년 동안 매년 연말 2,000만 원씩을 불입하는 정기적금에 가입하였다. 이 적금의 이자율이 복리로 연 10%라면, 3년 후 이 적금의 미래가치는?

① 4,440만 원   ② 5,220만 원

③ 6,620만 원   ④ 7,330만 원

⑤ 8,240만 원

22 투자자 甲의 소유 A부동산 1년간 소득 및 비용명세서이다. 순영업소득을 구하시오.

유효총소득		100,000,000원
비용명세	유지관리비	20,000,000원
	화재보험료	1,000,000원
	영업소득세	10,000,000원
	수도료	1,000,000원
	전기료	5,000,000원
	재산세	10,000,000원
	원리금상환액	20,000,000원

① 33,000,000원   ② 53,000,000원

③ 63,000,000원   ④ 73,000,000원

⑤ 77,000,000원

23 다음 투자분석기법에 대한 내용 중 **틀린** 것은?

① 내부수익률이 요구수익률보다 작은 경우 그 투자를 기각한다.

② 내부수익률(IRR)은 순현가를 0으로 하는 할인율을 말한다.

③ 내부수익률은 수익성지수(profitability index)가 1.0이 되는 할인율을 의미한다.

④ 재투자율의 가정에 있어 내부수익률법보다 순현재가치법이 더 합리적이다.

⑤ 재투자율로 내부수익률법에서는 요구수익률을 사용하지만, 순현재가치법에서는 시장이자율을 사용한다.

체크 Plus*

⑤ 재투자율로 내부수익률법은 내부수익률을 사용하지만, 순현재가치법과 수익성지수법은 요구수익률을 사용한다.

---

24 표와 같은 투자 사업들이 있다. 이 사업들은 모두 사업기간이 1년이며, 사업 초기(1월 1일)에 현금지출만 발생하고 사업 말기(12월 31일)에 현금유입만 발생한다고 한다. 할인율이 연 6%라고 할 때 **틀린** 것은?

투자안	초기 현금지출	말기 현금유입
A	4,000만 원	8,480만 원
B	2,000만 원	3,710만 원
C	2,500만 원	4,240만 원
D	2,500만 원	5,830만 원

① B와 C의 순현재가치(NPV)는 같다.

② A의 순현재가치(NPV)는 D의 약 1.3배이다.

③ B와 C의 투자안 중에서 선택하는 경우 C 투자안을 선택한다.

④ 수익성지수(PI)가 가장 큰 사업은 D이다.

⑤ 순현재가치(NPV)가 가장 큰 사업은 A이다.

체크 Plus**

③ B와 C의 투자안 중에서 선택하는 경우 B 투자안을 선택한다. NPV가 같을 경우 PI가 큰 것을 선택해야 하는 데, 이는 초기 현금지출 B 투자안(2,000만 원)이 C 투자안(2,500만 원)보다 작아 더 유리하기 때문이다.

사업	① 초기 현금지출	말기 현금유입	② 현금유입현가	NPV (②-①)	PI (②/①)
A	4,000 만 원	8,480 만 원	8,480만 원/ 1.06=8,000만 원	4,000 만 원	2
B	2,000 만 원	3,710 만 원	3,710만 원/ 1.06=3,500만 원	1,500 만 원	1.75
C	2,500 만 원	4,240 만 원	4,240만 원/ 1.06=4,000만 원	1,500 만 원	1.6
D	2,500 만 원	5,830 만 원	5,830만 원/ 1.06=5,500만 원	3,000 만 원	2.2

25

다음 제시된 내용에 관한 설명으로 틀린 것은?

> 甲은 현금으로 10억 원을 투자하여 순영업소득이 연간 8천만 원, 저당지불액이 연간 4천만 원인 부동산을 20억 원에 구입하였다.

① 종합환원율 : 0.04(4%) ② 저당비율 : 0.5(50%)

③ 자본회수기간 : 20년 ④ 지분배당률 : 0.04(4%)

⑤ 부채감당률 : 2

26

대출 금리에 대한 다음 내용 중 틀린 것은?

① 고정금리대출은 대출계약 당시 약정한 금리로 초기부터 만기까지 원리금을 상환하는 방식이다.

② 모든 대출조건이 같고 단지 금리변동 여부의 조건만 다른 경우, 대출시점 CD연동주택담보대출의 대출금리가 고정금리 모기지론의 대출금리보다 낮은 편이다.

③ 대출금리가 고정금리일 때, 대출시점의 예상인플레이션보다 실제인플레이션이 높으면 금융기관에게는 이익이고 차입자에게는 손해다.

④ 고정금리대출을 시행한 대출기관은 시장금리상승 시 차입자의 조기상환으로 인한 위험이 작아진다.

⑤ 변동금리대출은 사전에 약정한 방법으로 일정한 기간마다 대출 금리를 조정하는 방식이다.

27 A는 총부채상환비율(debt to income)이 적용되지 않는 지역에 소재하는 주택매입을 위해 담보 인정비율(loan to value) 50%를 적용하여 주택담보대출 3억 원을 받으려 할 때, A가 매입하고자 하는 주택의 담보평가가격은 얼마 이상이어야 하나?

① 4억 원 ② 5억 원

③ 6억 원 ④ 7억 원

⑤ 8억 원

체크 Plus★★★

부동산가치×0.5=3억 원,

부동산가치=$\dfrac{3억\ 원}{0.5}$=6억 원

28 대출상환방식에 대한 다음 내용 중 옳은 것은?

① 대출기간 만기까지 대출기관의 총 이자수입 크기는 '원금균등상환방식 〉 점증(체증)상환방식 〉 원리금균등상환방식' 순이다.

② 일반적으로 차입자의 소득과 담보부동산의 가치는 시간이 지날수록 증가하는 경향으로 인해 차입자의 채무불이행 위험이 높아진다.

③ 원금균등상환방식과 원리금균등상환방식의 1회차 월 불입액은 동일하다.

④ 체증(점증)상환 방식의 경우, 미래 소득이 감소될 것으로 예상되는 은퇴예정자에게 적합하다.

⑤ 매월 원리금균등분할상환의 모기지론의 경우, 월상환액 중에서 원금이 차지하는 비중이 시간이 갈수록 늘어난다.

체크 Plus★★

① 대출기간 만기까지 대출기관의 총 이자수입 크기는 원금을 늦게 갚을수록 누적이자가 많아 '점증(체증)상환방식 〉 원리금균등상환방식 〉 원금균등상환방식'순이다.

② 차입자의 소득과 부동산가치가 상승하는 경우라면 대출자가 안게 되는 차입자의 채무불이행 위험은 낮아질 것이다.

③ 1회차 월 불입액은 원금균등상환방식이 더 많다.

④ 미래 소득이 감소될 것으로 예상되는 은퇴예정자 → 미래 소득이 증가될 것으로 예상되는 젊은 부부 등

⊕PLUS

③1회차 월 불입액은 원금균등상환방식이 더 많다를 추가로 설명하면 다른 조건이 같다면 이자계산은 매기 초 미상환 융자잔고에 대해 적용하기 때문에 원금균등상환방식과 원리금균등상환방식의 1회차 월 이자액은 동일하다. 그러나 원금균등상환방식이 원금을 초기에 더 많이 상환하는 형태이기 때문에 원금과 이자의 합계액인 월 불입액은 원금균등상환방식이 더 많다.

정답 | 27 ③ 28 ⑤

29 저당담보증권(MBS)에 대한 내용이다. 다음 내용 중 <u>틀린</u> 것은?

① 한국주택금융공사의 주택저당채권담보부채권(MBB)의 투자자는 대출금의 조기상환에 따른 위험을 부담한다.

② 다계층저당채권(CMO)은 이체증권(MPTS)과 저당담보부채권(MBB)의 두 가지 성질을 다 가지고 있다.

③ CMO(collateralized mortgage obligations)는 트랜치별로 적용되는 이자율과 만기가 다른 것이 일반적이다.

④ 우리나라에서 발행된 주택저당증권은 대부분 다계층저당채권(CMO)이다.

⑤ 다계층저당채권(CMO)은 장기투자자들이 원하는 콜방어(call protection)를 실현시킬 수 있다.

30 부동산투자회사법에 대한 다음 내용 중 옳은 것은?

① 기업구조조정 부동산투자회사는 상법상의 실체회사인 주식회사로 자산운용 전문 인력을 두고 자산의 투자·운용을 직접 수행하여 그 수익금을 주식으로 배분하는 회사를 말한다.

② 공인중개사로서 해당 분야에 5년 이상 종사한 사람은 자기관리 부동산투자회사의 자산운용 전문 인력이 될 수 있다.

③ 위탁관리 부동산투자회사는 본점 외의 지점을 설치할 수 있으며, 직원을 고용하거나 상근 임원을 둘 수 있다.

④ 기업구조조정 부동산투자회사는 회사의 실체가 없는 명목회사로 법인세 면제 혜택이 없다.

⑤ 자기관리 부동산투자회사의 설립자본금은 10억 원 이상으로 한다.

정답 I   29 ①   30 ②

31 부동산개발의 타당성분석에 대한 다음 내용 중 **틀린 것**은?

① 부동산시장분석은 부동산의사결정을 지원하기 위한 부동산시장의 동향과 추세를 연구하는 활동을 말한다.

② 부동산개발의 타당성분석에 있어 개발된 부동산이 현재나 미래의 시장상황에서 매매되거나 임대될 수 있는 정도를 조사하는 것은 시장성분석이다.

③ 흡수율분석은 부동산시장의 추세를 파악하는 데 도움을 주는 것으로, 과거의 추세를 정확하게 파악하는 것이 주된 목적이다.

④ 사무실의 수요분석에서는 공실률을 조사하여 과잉공급 상태에 있는지 그리고 향후 그러한 위험성은 없는지 등을 조사한다.

⑤ 개발사업의 타당성분석에는 법적·물리적·경제적 분석 등이 포함된다.

체크 Plus★★

③ 흡수율분석은 과거로부터 현재까지의 추세를 토대로 미래를 예측하는 것이 목적이다.

32 부동산관리방식에 대한 내용이다. 다음 내용 중 **틀린 것**은?

① 혼합관리 방식은 관리업무에 대한 강력한 지도력을 확보할 수 있고, 위탁관리의 편의 또한 이용할 수 있다.

② 혼합관리방식은 자가(직접)관리에서 위탁(간접)관리로 이행하는 과도기에 유용할 수 있다.

③ 혼합관리방식은 필요한 부분만 선별하여 위탁하기 때문에 관리의 책임소재가 분명해지는 장점이 있다.

④ 혼합관리 방식은 자가(직접)관리와 위탁(간접)관리를 병용하여 관리하는 방식으로 관리업무의 전부를 위탁하지 않고 필요한 부분만을 위탁하는 방식이다.

⑤ 우리나라에는 부동산관리와 관련된 전문자격제도로 주택관리사가 있다.

체크 Plus★

③ 혼합관리방식은 필요한 부분만 선별하여 위탁하기 때문에 관리의 책임소재가 불분명해지는 단점이 있다.

33 임차인 A는 작년 1년 동안 분양면적 1,000m²의 매장을 비율임대차(percentage lease) 방식으로 임차하였다. 계약내용에 따르면, 매출액이 손익분기점 매출액 이하이면 기본임대료만 지급하고, 이를 초과하는 매출액에 대해서는 일정 임대료율을 적용한 추가임대료를 기본임대료에 가산하도록 하였다. 전년도 연임대료로 총 5,400만 원을 지급한 경우, 해당 계약내용에 따른 손익분기점 매출액은? (단, 연간 기준이며, 주어진 조건에 한함)

- 기본임대료 : 분양면적m² 당 4만 원
- 손익분기점 매출액을 초과하는 매출액에 대한 임대료율 : 10%
- 매출액 : 분양면적m² 당 20만 원

① 50,000,000원
② 55,000,000원
③ 60,000,000원
④ 65,000,000원
⑤ 70,000,000원

34 다음의 부동산마케팅 활동은 4P[유통경로(Place), 제품(Product), 가격(Price), 판매촉진(Promotion)] 중 각각 어디에 해당하는가?

㉠ 기존과 차별화된 아파트 평면 설계, 단지 내 자연친화적 실개천 설치
㉡ 아파트 모델하우스 방문고객을 대상으로 경품제공

① 유통경로(place), 가격(price)
② 제품(product), 유통경로(place)
③ 가격(price), 유통경로(place)
④ 제품(product), 판매촉진(promotion)
⑤ 판매촉진(promotion), 제품(product)

35 부동산현상 및 부동산활동을 설명하는 감정평가이론상 부동산가격원칙을 순서대로 나열한 것은?

> - 거실의 천정높이를 과대 개량한 전원주택이 냉·난방비용이 많이 든다.
> - 매장의 입지 선정을 위해 후보지가 속한 지역의 지역분석을 통해 표준적 이용을 확인한다.

① 최유효 이용의 원칙, 적합의 원칙

② 변동의 원칙, 수익배분의 원칙

③ 균형의 원칙, 적합의 원칙

④ 수익 배분의 원칙, 기여의 원칙

⑤ 대체의 원칙, 수요·공급의 원칙

체크 Plus★★

각각 균형의 원칙과 적합의 원칙에 해당한다.

36 감정평가에 대한 다음 내용 중 옳은 것은?

① 시산가액의 조정에 사용된 확인 자료는 거래사례, 임대사례, 수익사례 등의 자료를 말한다.

② 원가법이란 대상물건의 재조달원가에 감가수정을 하여 대상물건의 가액을 산정하는 감정평가방법을 말한다.

③ 건물 생산비용에 직접비용·간접비용은 포함시키고, 기업이윤(개발이윤)과 동산의 감가상각비를 제외하고 추정했다.

④ 건물의 소유자가 자가 건설한 경우에 재조달원가를 구성하는 표준적 건설비에는 수급인의 적정이윤을 포함시키지 않는다.

⑤ 10년 전에 건축된 빌딩의 건축비가 명확히 알려져 있어, 여기에 바로 감가수정을 가하여 적산가액을 구하였다.

체크 Plus★★

① 확인자료 → 사례자료 : 시산가액의 조정에 사용되는 자료는 확인자료(대상물건의 물적 확인 및 권리상태의 확인에 필요한 자료), 요인자료(가치형성 요인분석에 필요한 자료로서 일반자료와 개별자료), 사례자료(거래사례, 임대사례, 건설사례, 수익사례 등)가 있다.

③ 수급인의 적정이윤(=기업이윤, 개발이윤)은 항상 포함한다.

④ 재조달원가를 구성하는 표준적 건설비에는 수급인의 적정이윤을 반드시 포함시켜야 하며, 설혹 자가 건설의 경우라 하더라도 재조달원가는 도급 건설한 경우에 준하여 수급인의 적정이윤을 반드시 포함시켜야 한다.

⑤ 10년 전에 건축된 빌딩의 건축비는 기준시점의 원가가 아니다. 기준시점 현재 원시적으로 재생산 또는 재취득을 상정한 경우에 필요한 적정원가의 총액을 재조달원가로 사용하여야 하므로 물가상승에 따른 조정이 필요하다.

⊕PLUS

④의 추가적 설명이다.

건물의 재조달원가=㉠ 표준적 건설비+㉡ 통상부대비용

㉠ 표준적 건설비	직접공사비(시멘트, 임금 등)+간접공사비(설계·감리비 등)+수급인의 적정이윤
㉡ 통상부대비용	등기비용, 건설자금소요이자, 감독비, 조세공과금 등

정답 I   35 ③   36 ②

37 건물의 m²당 재조달원가는? (단, 주어진 조건에 한함)

- 15년 전 준공된 5층 건물(대지면적 500m², 연면적 1,500m²)
- 준공 당시의 공사비 내역

직접공사비	: 400,000,000원
간접공사비	: 30,000,000원
공사비 계	430,000,000원
개발업자 이윤	: 70,000,000원
총 계	500,000,000원

- 15년 전 건축비 지수 100, 기준시점 건축비 지수 150

① 450,000/m² ② 500,000/m²
③ 550,000/m² ④ 600,000/m²
⑤ 650,000/m²

38 평가대상 부동산이 속한 지역과 사례부동산이 속한 지역이 다음과 같은 격차를 보이는 경우, 상승식으로 산정한 지역요인의 비교치는? (단, 격차내역은 사례부동산이 속한 지역을 100으로 사정할 경우의 비준치이며, 근사치를 결과값으로 한다.)

비교 항목	격차 내역
기타조건	−1
환경조건	+2
가로조건	−2
접근조건	+3
행정적 조건	0

① 1.000 ② 1.019
③ 1.024 ④ 1.320
⑤ 1.432

39 다음은 수익환원법의 환원율을 구하는 방법이다. 틀린 것은?

① 조성법(요소구성방식)은 대상 부동산에 관한 위험을 여러 가지 구성요소로 분해하고, 개별적인 위험에 따라 위험할증률을 더해 감으로써 자본환원율을 구하는 방법이다.

② 시장추출법은 대상부동산과 유사한 최근의 매매사례로부터 자본환원율을 찾아내 이용한다.

③ 물리적 투자결합법은 소득을 창출하는 부동산의 능력이 토지와 건물이 서로 다르며, 분리될 수 있다는 가정에 근거한다.

④ 금융적 투자결합법은 저당투자자의 요구수익률과 지분투자자의 요구수익률이 동일하다고 가정하여 투자 자본을 금융적 측면에서 구분하고 있다.

⑤ 엘우드(Ellwood)법은 지분투자자입장에서 매 기간 동안의 세전현금수지, 기간 말 부동산의 가치상승 또는 하락분과 보유기간 동안의 자기자본형성분(지분형성분)의 세 요소가 자본환원율에 미치는 영향으로 구성되어 있다.

체크 Plus★★

④ 금융적 투자결합법은 저당투자자의 요구수익률과 지분투자자의 요구수익률이 서로 다르다고 가정하여 투자 자본을 금융적 측면에서 구분하고 있다.

40 다음 감정 평가상 물건별 평가에 대한 내용 중 틀린 것은?

① 공시지가기준법을 적용할 때 비교표준지 공시지가를 기준으로 사정보정, 시점수정, 지역요인 및 개별요인 비교, 그 밖의 요인의 보정과정을 거친다.

② 공장재단을 감정 평가할 때에 공장재단을 구성하는 개별 물건의 감정평가액을 합산하여 감정 평가하여야 한다. 다만, 계속적인 수익이 예상되는 경우 등 일괄하여 감정 평가하는 경우에는 수익환원법을 적용할 수 있다.

③ 감정평가법인 등은 광업재단을 감정 평가할 때에 수익환원법을 적용하여야 한다.

④ 감정평가업자는 동산을 감정 평가할 때에는 거래사례비교법을 적용하여야 한다. 다만, 본래 용도의 효용가치가 없는 물건은 해체처분가액으로 감정 평가할 수 있다.

⑤ 임대료를 감정 평가할 때에 임대사례비교법을 적용하여야 한다.

체크 Plus★★

① 당 표준지 공시지가를 기준으로 평가하므로 사정보정과 면적비교 등은 필요하지 않다. 공시지가기준법을 적용할 때 비교표준지 공시지가를 기준으로 시점수정, 지역요인 및 개별요인비교, 그 밖의 요인의 보정과정을 거친다.

정답 l

39 ④   40 ①

공인중개사 1차
국가자격시험

교시	문제형별	시험과목	회차
1교시	A	① 부동산학개론	제9회

★ 초급 ★★ 중급 ★★★ 고급으로 문제의 난이도를 표시한 것임.

01 부동산활동에 대한 다음 내용 중 <u>틀린</u> 것은?

① 부동산활동은 높은 전문성이 요구된다.

② 부동산활동을 임장활동으로 규정하는 근거는 부증성이라는 특성과 대인활동이라는 속성 때문이다.

③ 부동산활동은 공중, 지표, 지하를 포함하는 3차원 공간을 대상으로 전개한다.

④ 부동산활동은 일반적으로 일반소비상품을 대상으로 하는 활동과는 달리 장기적 배려 하에 결정되고 실행된다.

⑤ 부동산활동은 사회성, 공공성이 강한 활동이지만 경제활동으로서 수익성도 중시한다.

체크 Plus*

② 임장활동성은 부동성과 관련되며, 부동산활동은 대물활동이며 한편 대인활동이기도하다.

02 다음은 부동산의 특성에 대한 내용이다. <u>틀린</u> 것은?

① 부동성(위치의 고정성)으로 인해 부동산활동이 국지화된다.

② 토지의 영속성은 미래의 수익을 가정하고 가치를 평가하는 직접환원법의 적용을 가능하게 한다.

③ 토지는 다른 생산물과 마찬가지로 노동이나 생산비를 투입하여 재생산할 수 있다.

④ 개별성은 대상부동산과 다른 부동산의 비교를 어렵게 하고 시장에서 상품 간 대체관계를 제약할 수 있다.

⑤ 부동산은 지리적 위치의 고정으로 주변에서 일어나는 환경조건의 변화가 부동산의 가격에 영향을 주는 외부효과를 발생시킬 수 있다.

체크 Plus*

③ 토지는 노동이나 생산비를 투입하여 재생산할 수 있는 대상이 아닌 부증성(생산 불가능성)을 지닌다.

정답 | 01 ② 　 02 ③

03 A아파트의 인근지역에 생태공원이 조성되고, 대형마트와 백화점이 들어서서 A아파트의 가격이 상승했다면, 이러한 현상은 부동산의 자연적·인문적 특성 중 어떤 특성에 의한 것인가?

① 부동성, 위치의 가변성

② 부증성, 용도의 다양성

③ 개별성, 위치의 가변성

④ 영속성, 병합·분할 가능성

⑤ 부증성, 병합·분할 가능성

체크 Plus★★

① 부동성 또는 인접성(자연적 특성)과 위치의 가변성(인문적 특성)과 관련된 설명이다.

04 다음은 수요와 공급의 변화에 대한 결과이다. 틀린 것은? (단, 우하향 수요곡선과 우상향 공급곡선을 가정한다.)

① 균형 상태인 시장에서 건축원자재의 가격이 하락하면 균형거래량은 증가하고 균형 가격은 상승한다.

② 공급의 감소가 수요의 감소보다 큰 경우, 새로운 균형가격은 상승하고 균형거래량은 감소한다.

③ 수요의 감소가 공급의 감소보다 큰 경우, 새로운 균형가격은 하락하고 균형거래량도 감소한다.

④ 주택의 수요와 공급이 모두 증가하게 되면 균형거래량은 증가한다.

⑤ 수요와 공급이 모두 증가하는 경우, 균형가격의 상승 여부는 수요와 공급의 증가폭에 의해 결정되고 균형량은 증가한다.

체크 Plus★★

① 건축원자재 가격의 하락은 공급을 증가시키므로 균형거래량은 증가하고 **균형가격은 하락한다.**

정답 | 03 ① 04 ①

05 다음은 공급곡선(S)은 동일한 것으로 가정하고 서로 다른 두 유형의 부동산 A와 B의 수요곡선을 나타낸 것이다. 이에 대한 설명 중 <u>틀린</u> 것은? (단, 다른 조건은 일정하다고 가정한다.)

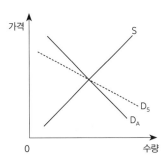

① 일반적으로 A가 B에 비해 대체재가 더 적은 편이다.

② 공급이 감소하면 A가 B보다 가격의 변화 폭이 더 크다.

③ 소득의 증가에 따라 A와 B의 수요곡선이 좌측으로 이동한다면, A와 B 모두 정상재이다.

④ 가격이 상승하면 A와 B의 수요량은 감소한다.

⑤ B의 경우가 관찰기간(측정기간)이 A에 비해 더 길다고 볼 수가 있다.

체크 Plus★★

③ 소득의 증가에 따라 A와 B의 수요곡선이 우측이 아닌 좌측으로 이동하였다면 수요의 감소에 해당하며 A와 B 모두 열등재라고 볼 수가 있다. 반대로 수요가 증가하는 경우라면 우등재일 것이다.

⊕PLUS

① B가 A에 비해 그래프의 기울기가 보다 완만하다는 것은 상대적으로 수요의 가격탄력성이 더 탄력적임을 의미하며 대체재가 더 많다고 볼 수 있으며, A가 B에 비해 대체재가 더 적다는 것을 의미한다.

② 공급이 감소하면 A가 B보다 가격변화 폭이 더 크다. 공급곡선을 좌측으로 이동해 보면 가격상승 폭이 더 크다는 것을 알 수가 있다. 이는 가격탄력성이 비탄력적일수록 그래프는 가팔라지고 수량변화가 적으나 가격변화는 더 크게 나타난다.

④ 수요의 법칙에 따라 수요량은 감소한다. 옳은 내용이다.

⑤ B의 경우가 보다 탄력적이라는 것은 관찰기간(측정기간, 주어진 기간)이 A에 비해 더 길어서 수요자가 대체재를 찾기 더 쉬운 경우에 해당한다.

06 다음의 (   )에 들어갈 내용으로 옳은 것은? (단, P는 가격, Q_d는 수요량이며, 다른 조건은 동일함)

> 어떤 도시의 이동식 임대주택 시장의 수요함수는 $Q_d=500-2P$ 공급함수는 $P_1=100$이다. 공급함수가 $P_2=200$으로 변할 경우 균형거래량의 변화량은 (㉠)이고, 공급곡선은 가격에 대하여 (㉡)이다.

① ㉠ 200 감소, ㉡ 완전탄력적

② ㉠ 200 증가, ㉡ 완전비탄력적

③ ㉠ 100 감소, ㉡ 완전탄력적

④ ㉠ 100 증가, ㉡ 완전비탄력적

⑤ ㉠ 100 증가, ㉡ 완전탄력적

체크 Plus★★★

균형에서는 수요와 공급이 일치하여 균형거래량과 균형가격이 서로 같아야 하므로 수요함수가 $Q_d=500-2P$일 때 공급함수가 $P_1=100$이라면 $P=P_1$이어야 한다.
$Q_d=500-2\times100=500-200=300$
공급함수만 변했으며 공급함수가 $P_2=200$에서 또한 $P=P_2$이어야 한다.
$Q_d=500-2\times200=500-400=100$이 된다.
따라서 균형거래량은 200 감소하고, 공급곡선은 주어진 가격에 대해 수평선이므로 가격에 대하여 완전탄력적이다.

07 다음은 부동산경기의 순환국면별 특징에 대한 내용이다. 틀린 것은?

① 회복국면은 매도자가 중시되고, 과거의 거래사례가격은 새로운 거래의 기준가격이 되거나 하한이 되는 경향이 있다.

② 상향국면에서 과거의 거래사례가격은 새로운 거래가격의 하한이 되는 경향이 있다.

③ 상향시장에서는 건축허가량이 증가하는 현상이 나타난다.

④ 후퇴국면은 매수자가 중시되고, 과거의 거래사례가격은 새로운 거래의 기준가격이 되거나 하한이 되는 경향이 있다.

⑤ 하향시장에서 직전 국면의 거래사례가격은 현재 시점에서 새로운 거래가격의 상한이 되는 경향이 있다.

체크 Plus★★

④ 후퇴국면은 매수자가 중시되고, 과거의 거래사례가격은 새로운 거래의 기준가격이 되거나 상한이 되는 경향이 있다.

08 A와 B부동산시장의 함수조건 하에서 가격변화에 따른 동태적 장기 조정과정을 설명한 거미집이론(Cob-web theory)에 의한 모형형태는? (단, P는 가격, Q_d는 수요량, Q_s는 공급량이고, 가격변화에 수요는 즉각적인 반응을 보이지만 공급은 시간적인 차이를 두고 반응하며, 다른 조건은 동일함)

- A부동산시장 : $2P=400-Q_d$, $3P=600+5Q_s$
- B부동산시장 : $P=300-2Q_d$, $4P=80+8Q_s$

① 순환형, 순환형
② 순환형, 수렴형
③ 수렴형, 순환형
④ 발산형, 발산형
⑤ 수렴형, 발산형

09 크리스탈러(W.Christaller)의 중심지이론에서 사용되는 개념에 대한 정의로 틀린 것은?

ㄱ 중심지 : 각종 재화와 서비스 공급기능이 집중되어 배후지에 재화와 서비스를 공급하는 중심지역
ㄴ 도달범위 : 중심지 활동이 제공되는 공간적 한계로 중심지로부터 어느 기능에 대한 수요가 '1'이 되는 지점까지의 거리
ㄷ 최소 요구치 : 중심지 기능이 유지되기 위한 최대한의 수요 요구규모
ㄹ 최소 요구범위 : 판매자가 정상이윤을 얻는 만큼의 충분한 소비자를 포함하는 경계까지의 거리

① ㄱ, ㄴ
② ㄷ, ㄹ
③ ㄱ, ㄹ
④ ㄴ, ㄷ
⑤ ㄴ, ㄹ

10 다음과 같은 특징을 지닌 기업이 입지할 도시를 선정하려고 한다. ㉠과 ㉡ 각각 어떤 입지유형의 도시가 적당한가?

> ㉠ 제품의 무게와 부피에 비해서 원료의 무게와 부피가 크다.
>
> ㉡ 기술연관성이 높고, 기술·정보·시설·원료 등의 공동이용을 통해서 비용절감효과를 얻을 수 있다.

① ㉠ 원료지향형, ㉡ 집적지향형
② ㉠ 시장지향형, ㉡ 집적지향형
③ ㉠ 원료지향형, ㉡ 노동지향형
④ ㉠ 집적지향형, ㉡ 시장지향형
⑤ ㉠ 시장지향형, ㉡ 원료지향형

11 주어진 그림을 보고 허프(Huff)의 상권분석모형을 이용해 신규할인매장의 이용객 수를 추정하면 얼마인가? (단, 공간(거리)마찰계수는 2로 한다.)

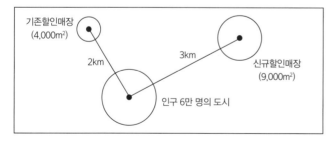

① 10,000명 ② 20,000명
③ 30,000명 ④ 40,000명
⑤ 50,000명

정답 I 10 ① 11 ③

12 지대이론에 대한 내용이다. 주어진 내용 중 옳은 것은?

① 차액지대는 토지의 위치를 중요시하고 비옥도와는 무관하다.

② 마르크스(K. Marx)는 도시로부터 거리에 따라 농작물의 재배형태가 달라진다는 점에 착안하여, 수송비의 차이가 지대의 차이를 가져온다고 보았다.

③ 위치지대설에 따르면 다른 조건이 동일한 경우, 지대는 중심지에서 거리가 멀어질수록 하락한다.

④ 농업입지를 고려하는 경우 생산력에 크게 영향을 미치지 않는 취락과 거리는 검토대상이 아니다.

⑤ 차액지대설에 따르면 지대가 높아지면 토지 생산물의 가격이 높아지고 지대가 낮아지면 토지생산물의 가격도 낮아진다.

13 방사형 교통망의 개선과 확충이 토지 시장에 미치는 영향 중 옳은 것은?

① 도심부에서 외곽에 이르는 지가 경사도의 심화

② 외곽 지역 지가의 도심부 대비 상대적 하락

③ 도심부 토지 이용 밀도의 상대적 상승

④ 외곽 지역에서의 이용 주체별 단위 토지 사용량 증가

⑤ 도심부 지가의 상대적 하락

14 정부의 부동산시장 개입에 대한 내용이다. 틀린 것은?

① 용도지역지구제와 같은 토지이용규제는 부(−)의 외부효과를 억제하기 위한 수단으로도 이용된다.

② 부(−)의 외부효과가 발행하는 재화의 경우 시장에만 맡겨두면 지나치게 많이 생산될 수 있다.

③ 부(−)의 외부효과를 발생시키는 공장에 대해서 부담금을 부과하면, 생산비가 증가하여 이 공장에서 생산되는 제품의 공급이 감소하게 된다.

④ 토지이용 행위에서 발생하는 외부불경제는 정부의 토지이용규제의 명분이 된다.

⑤ 정(+)의 외부효과에 대한 정부의 소비와 생산에 대한 조장은 소비와 생산을 위축시킬 수가 있다.

체크 Plus★★

⑤ 정(+)의 외부효과는 과소소비와 과소생산을 가져오며, 이에 대한 정부의 조장은 소비와 생산을 촉진시킬 수 있다.

15 정부의 부동산시장 개입에 대한 내용이다. 틀린 것은?

① 용도지역·지구제는 사적 시장이 외부효과에 대한 효율적인 해결책을 제시하지 못할 때, 정부에 의해 채택되는 부동산정책의 한 수단이다.

② 용도지역·지구제는 토지이용계획의 내용을 구현하는 법적 수단이다.

③ 지역·지구제는 토지이용에 수반되는 부(−)의 외부효과를 제거하거나 완화시킬 목적으로 지정한다.

④ 토지선매에 있어 시장·군수·구청장은 토지거래계약허가를 받아 취득한 토지를 그 이용목적대로 이용하고 있지 아니한 토지에 대해서 선매자에게 강제로 수용하게 할 수 있다.

⑤ 투기과열지구로 지정될 경우, 투기과열지구 안에서 사업주체가 건설·공급하는 주택의 입주자로 선정된 지위에 대하여는 전매제한 조치를 취할 수 있다.

체크 Plus★★

④ 토지선매제도에서는 강제 수용은 인정되지 않는다.

16 임대료규제와 임대료보조에 대한 내용이다. 틀린 것은?

① 임대료 규제는 장기적으로 민간 임대주택 공급을 위축시킬 우려가 있다.

② 주택임대료 규제는 임대주택의 질적 수준을 하락시키는 원인이 될 수 있다.

③ 정부가 규제하는 주택임대료의 상한이 시장의 균형임대료보다 높아야 주택임대시장에 영향을 준다.

④ 임대료 보조정책이란 저소득층에게 정부가 임대료의 일부를 보조해 주는 것을 말한다.

⑤ 주택보조방식은 크게 생산자에게 보조하는 방식과 소비자에게 보조하는 방식으로 나눌 수 있다.

17 정부의 주택정책에 대한 내용 중 틀린 것은?

① 저소득층에게 임대료를 보조할 경우 주택소비량은 증가하지만 다른 재화의 소비량은 항상 감소한다.

② 주택임대료 보조정책을 시행할 경우 장기적으로 임대주택의 공급은 증가할 수 있다.

③ 정부가 임차인에게 임대료를 직접 보조해주면 단기적으로 시장임대료는 상승하지만, 장기적으로는 시장임대료를 낮추게 된다.

④ 주택법령상 분양가상한제 적용주택의 분양가격은 택지비와 건축비로 구성된다.

⑤ 주택법령상 분양가상한제 적용 주택 및 그 주택의 입주자로 선정된 지위에 대하여 전매를 제한할 수 있다.

정답 I   16 ③   17 ①

18 부동산조세에 대한 다음 내용 중 <u>틀린</u> 것은?

① 부동산 조세는 부동산 자원을 재분배하는 도구로 쓰인다.

② 주택조세를 감면하면 주택부문 투자는 감소하고 다른 부문 투자는 증가하는 효과가 나타날 수 있다.

③ 주택조세감면은 자가소유를 촉진하는 효과가 있다.

④ 주택의 취득세율을 낮추면 주택수요가 증가할 수 있다.

⑤ 양도소득세의 중과로 부동산 보유자로 하여금 거래를 뒤로 미루게 하는 동결효과(lock-in effect)가 나타날 수 있다.

19 부동산투자에 따른 1년간 자기자본수익률은? (단, 주어진 조건에 한함)

- 투자 부동산가격 : 4억 원
- 금융기관 대출 : 2억 원, 자기자본 : 2억 원
- 대출조건
  - 대출기간 : 5년
  - 대출이자율 : 연 6%
  - 대출기간 만료 시 이자지급과 원금은 일시상환
  - 1년간 순영업소득(NOI) : 3천 4백만 원
  - 1년간 부동산가격 상승률 : 0%

① 6% ② 7%

③ 8% ④ 9%

⑤ 11%

20 부동산 투자분석과정을 설명한 것이다. 투자자는 어떤 경우에 기꺼이 투자결정을 하겠는가?

① 투자가치가 시장가치보다 클 경우

② 투자사업에 대한 순현가가 0(영)보다 작을 경우

③ 실현수익률이 요구수익률보다 클 경우

④ 실현수익률이 기대수익률보다 작을 경우

⑤ 요구수익률이 기대수익률보다 클 경우

21 1,000억 원의 부동산펀드가 빌딩 A, B, C로 구성되어 있다. 내용 중 옳은 것은?

구분	빌딩A	빌딩B	빌딩C
매입가격	100억 원	400억 원	500억 원
기대수익률	연 5%	연 10%	연 12%
위험(수익률의 표준편차 가정)	4%	7%	10%

① 부동산펀드의 기대수익률은 연 9%이다.

② 빌딩 C는 빌딩 A보다 저위험·저수익의 투자부동산이다.

③ 투자자의 요구수익률이 연 10%일 경우, 이 투자자는 부동산펀드에 투자하지 않을 것이다.

④ 주어진 부동산펀드에 추가로 빌딩D를 편입시킬 경우 이 펀드의 체계적 위험이 줄어들 것이다.

⑤ 빌딩 A, B, C 중에서 위험 1단위 당 기대수익률이 가장 높은 것은 빌딩 A다.

➕PLUS

구분	빌딩A	빌딩B	빌딩C
기대수익률	연 5%	연 10%	연 12%
위험	4%	7%	10%
기대수익률/위험	5%/4%=1.25	10%/7%=1.43	12%/10%=1.2

22 부동산투자분석의 현금흐름 계산에서 순운영소득(순영업소득)을 산정할 경우, 필요한 항목은 모두 몇 개인가?

• 임대료수입	• 영업소득세
• 원리금상환액	• 영업외 수입
• 영업경비	• 감가상각비

① 1개
② 2개
③ 3개
④ 4개
⑤ 5개

체크 Plus★★

순운영소득 산정 시 필요한 항목은 임대료수입, 영업외 수입(기타소득), 영업경비 3개이다.

23 주어진 현금 흐름표를 기초로 계산한 순현재 가치는? (단, 0년차 현금흐름은 초기투자액, 1년차부터 5년차까지 현금흐름은 현금유입과 유출을 감안한 순현금 흐름이며, 할인율은 연 10%, 이때 기간 5년인 연금의 현가계수는 3.79079이고 일시불의 현가계수는 0.620921이며, 소수점 이하는 절사한다. 단위 : 만 원)

기간(년)	0	1	2	3	4	5
현금흐름	−1,000	120	120	120	120	1,420

① 254
② 262
③ 286
④ 364
⑤ 383

체크 Plus★★★

• 5차년도의 순현금 흐름을 1,420=120+1,300으로 나누어 판단한다.
• ㉠ 현금유입의 현가=(120×3.79079)+(1,300×0.620921)=454.8948+807.1973=1,262
• ㉡ 현금유출의 현가=1,000
• 순현가=㉠ 현금유입의 현가−㉡ 현금유출의 현가=1,262−1,000=262

24 어림셈법에 대한 내용이다. <u>틀린</u> 것은?

① 담보 인정비율(LTV)을 통해서 투자자가 재무레버리지를 얼마나 활용하고 있는지를 평가할 수 있다.

② 부채감당률이란 순영업소득이 부채서비스액의 몇 배가 되는가를 나타내는 비율이다.

③ 부채감당률(DSCR)이 1.0보다 크다는 것은 순영업소득이 부채의 할부금을 상환하고도 잔여액이 있다는 의미이다.

④ 채무불이행률(default ratio)은 순영업소득이 영업경비와 부채서비스액을 감당할 수 있는 능력이 있는가를 측정한다.

⑤ 총자산회전율은 투자된 총자산에 대한 총소득의 비율이며, 총소득으로 가능총소득 또는 유효총소득이 사용된다.

체크 Plus★★

④ 채무불이행률(default ratio)은 유효 총(조)소득이 영업경비와 부채서비스액을 감당할 수 있는 능력이 있는가를 측정한다.

25 표와 같은 투자 사업들이 있다. 이 사업들은 모두 사업기간이 1년이며, 금년에는 현금지출만 발생하고 내년에는 현금유입만 발생한다고 한다. 할인율이 5%라고 할 때 <u>틀린</u> 것은?

사업	금년의 현금지출	내년의 현금유입
A	600만 원	945만 원
B	200만 원	420만 원
C	200만 원	525만 원
D	200만 원	367.5만 원

① NPV가 가장 적은 사업은 D이다.

② A와 C의 NPV(순현가)는 같다.

③ C의 PI(수익성지수)는 2.5이다.

④ PI가 큰 순서는 C〉B〉D〉A이다.

⑤ 총투자비가 600만 원일 경우, A만 수행하는 투자안과 B, C, D를 함께 수행하는 투자안의 타당성은 동일하다.

체크 Plus★★★

총투자비가 600만 원일 경우, A만 수행하는 투자안보다 B, C, D를 함께 수행하는 투자안의 타당성이 더 높다. NPV를 보면 A만 수행하는 투자안은 300이지만 B, C, D를 함께 수행하는 경우 200+300+150=650으로써 더 높다.

⊕ PLUS

사업	① 금년의 현금지출	내년의 현금유입	② 내년의 현금유입의 현재가치	NPV(②−①)	PI(②/①)
A	600만 원	945만 원	945만/1.05=900	300	1.5
B	200만 원	420만 원	420만/1.05=400	200	2
C	200만 원	525만 원	525만/1.05=500	300	2.5
D	200만 원	367.5만 원	367.5만/1.05=350	150	1.75

정답 l   24 ④   25 ⑤

26 부동산금융의 자금조달 방법 중 하나인 지분금융(equity financing)과 관련이 없는 것은?

> ㉠ 공모(public offering)에 의한 증자
> ㉡ 부동산 신디케이트(syndicate)
> ㉢ 주택저당채권 담보부채권(MBB)
> ㉣ 부동산투자회사법에 의한 부동산투자신탁(REITs)
> ㉤ 주택저당증권(MBS)

① ㉠, ㉡   ② ㉡, ㉢

③ ㉢, ㉣   ④ ㉣, ㉤

⑤ ㉢, ㉤

체크 Plus*

㉢ 주택저당채권 담보부채권(MBB)과 ㉤ 주택저당증권(MBS)은 원리금상환의무가 있는 부채증권으로서 부채금융에 해당한다.

27 A는 연소득이 7,000만 원이고 시장가치가 5억 원인 주택을 소유하고 있다. 현재 A가 이 주택을 담보로 1억 원을 대출받고 있을 때, 추가로 대출 가능한 최대금액은? (단, 주어진 조건에 한함)

> • 연간 저당상수 : 0.1
> • 대출승인기준
>   – 담보 인정비율(LTV) : 시장가치기준 50% 이하
>   – 총부채상환비율(DTI) : 40% 이하
> ※ 두 가지 대출승인기준을 모두 충족하여야 함

① 1.0억 원   ② 1.5억 원

③ 2.0억 원   ④ 2.5억 원

⑤ 3.0억 원

체크 Plus***

- ㉠ 담보인정비율(LTV) : 5억 원×0.5=2.5억 원
- ㉡ 총부채상환비율(DTI) : $\dfrac{x(원리금상환액)}{0.7억\ 원}=0.4$

  $x=0.28$억 원
- 대출가능액$=\dfrac{0.28억\ 원}{0.1}=2.8$억 원
- ㉠ 담보인정비율(LTV)과 ㉡ 총부채상환비율(DTI) 둘 중 작은 금액인 2.5억 원이 한도이다.

∴ 추가대출가능금액=2.5억 원−1억 원(기존 대출액)=1.5억 원

28

대출금상환방식에 대한 내용이다. 틀린 것은?

① 원금균등분할상환방식은 대출자 측에서 볼 때, 원금 회수위험이 원리금균등분할상환방식보다 상대적으로 적다.

② 대출금을 조기상환하는 경우 원리금균등상환방식에 비해 원금균등상환방식의 상환액이 더 크다.

③ 점증(체증)상환방식의 경우, 미래 소득이 증가될 것으로 예상되는 차입자에게 적합하다.

④ 원리금균등상환방식은 원금균등분할상환방식에 비해 대출직후에는 원리금의 상환액이 적다.

⑤ 원금균등상환방식의 경우, 매 기에 상환하는 원리금이 점차적으로 감소한다.

체크 Plus★★

② 대출금을 조기상환하는 경우 원리금균등상환방식에 비해 원금균등상환방식이 이전에 원금을 더 많이 상환하였으므로 상환액이 더 작다.

29

부동산투자회사에 대한 내용이다. 틀린 것은?

① 부동산투자회사는 「부동산투자회사법」에서 특별히 정한 경우를 제외하고는 「상법」의 적용을 받는다.

② 부동산투자회사나 부동산펀드는 투자자를 대신하여 투자자의 자금을 부동산에 투자하고 그 운영성과를 투자자에게 배분한다.

③ 부동산투자회사의 경우에는 원금손실의 위험이 없는 반면, 부동산펀드의 경우에는 원금손실의 위험이 있다.

④ 부동산투자자 중 유동성을 선호하는 사람은 부동산에 대한 직접투자보다 증권거래소에 상장되어 있는 부동산투자회사에 대한 투자를 선호한다.

⑤ 부동산투자회사의 장점은 일반인들이 소액으로도 부동산에 투자할 수 있다는 점이다.

체크 Plus★★

③ 둘 다 지분투자의 형태로서 원금손실의 위험이 존재한다.

정답 | 28 ② 29 ③

30 프로젝트 금융(프로젝트 파이낸싱 : PF)에 대한 내용이다. 틀린 것은?

① 대출자로서 금융기관은 시행사와 시공사의 부도 등과 같은 사유가 발생할 경우 사업권이나 시공권을 포기하 겠다는 각서를 받는다.

② 금융기관은 부동산 개발 사업지를 부동산신탁회사에 담보신탁하고 받은 수익권증서에 질권을 설정한다.

③ 시공사에게 책임준공 의무를 지우는 동시에 PF대출의 채무를 인수하거나 이에 대한 보증을 제공하도록 한 다.

④ 프로젝트 금융방식으로 대출할 경우 대출자로서 금융 기관은 부외금융효과(off-balance effect)를 누릴 수 있어 채무수용 능력이 제고된다.

⑤ 프로젝트 금융은 기업금융에 비해 금리, 수수료 등이 높은 것이 대부분이어서, 개발 사업이 성공할 경우 대 출자로서 금융기관은 높은 수익을 올릴 수 있다.

체크 Plus★★

④ 부외금융효과(off-balance effect)를 누릴 수 있 어 채무수용 능력이 제고되는 당사자는 금융기 관(대출자)이 아닌 개발사업주(sponsors)이다.

31 부동산개발에 대한 다음 내용 중 옳은 것은?

① 토지소유자의 자체사업일 경우 사업시행은 토지소유 자가 하지만, 자금조달과 이익귀속의 주체는 건설회사 이다.

② 자체개발 사업은 불확실하거나 위험도가 큰 부동산 개 발 사업에 대한 위험을 토지소유자와 개발업자 간에 분산할 수 있는 장점이 있다.

③ 공사비를 분양금으로 정산하는 사업방식에서는 사업 시행은 건설회사가 하지만, 이익은 토지소유자에게 귀 속된다.

④ 사업위탁방식은 토지소유자가 개발업자에게 사업시 행을 의뢰하고, 개발업자는 사업시행에 대한 수수료를 취하는 방식이다.

⑤ 등가교환방식에서는 토지소유자와 부동산신탁사간에 수수료 문제가 발생할 수 있다.

체크 Plus★★

① 토지소유자의 자체사업일 경우 사업시행, 자금조 달과 이익귀속의 주체는 토지소유자이다.

② 지주 공동사업은 불확실하거나 위험도가 큰 부 동산 개발 사업에 대한 위험을 토지소유자와 개 발업자 간에 분산할 수 있는 장점이 있다.

③ 토지소유자가 사업을 시행하면서 건설업체에 공 사를 발주하고 공사비의 지급은 분양수입금으로 지급하는 방식이므로 모든 이익이 토지소유자에 게 귀속되는 것은 아니다.

⑤ 완성된 건물의 건축면적을 토지소유자와 개발업 자가 토지가격과 건축자금의 비율에 기초하여 나누는 공동사업형태이므로 수수료 문제가 발생 하지는 않는다.

32 부동산개발사업의 타당성 분석에 대한 다음 내용 중 <u>틀린</u> 것은?

① 부동산시장분석은 일반적으로 개발 착수 전에 이루어지지만, 후속사업이나 계속적인 투자에 대한 의사결정을 위해, 사후검증차원에서 이루어지기도 한다.

② 시장성분석이란 특정 부동산이 가진 경쟁력을 중심으로 해당 부동산이 분양될 수 있는 가능성을 분석하는 것이다.

③ 민감도분석은 시장에 공급된 부동산이 시장에서 일정기간동안 소비되는 비율을 조사하여 해당 부동산시장의 추세를 파악하는 것이다.

④ 공실률 조사는 부동산시장조사의 핵심사항으로 임차공간이 실제로 임차인들에 의해 어느 정도 사용되고 있는가를 파악하는 것이다.

⑤ 부동산개발사업의 재무적 타당성분석은 투자자로부터 자금을 끌어들일 수 있는 충분한 수익이 있는가에 초점을 맞춘 개념이다.

체크 Plus★

③ 흡수율분석은 시장에 공급된 부동산이 시장에서 일정기간동안 소비되는 비율을 조사하여 해당 부동산시장의 추세를 파악하고 미래의 분양, 임대가능성을 정확하게 예측하는 것이다.

33 다음은 부동산관리의 영역에 대한 내용이다. <u>틀린</u> 것은?

① 건물 및 임대차관리(property management)는 수지분석, 시장조사 그리고 임대차관리 등을 포함한다.

② 자산관리(asset management)란 소유주나 기업의 부를 극대화하기 위하여 해당부동산의 가치를 증진시킬 수 있는 다양한 방법을 모색하는 것이다.

③ 오피스 빌딩에 대한 대대적인 리모델링 투자의사결정은 부동산 관리업무 중 시설관리(facility management)에 속한다.

④ 시설관리(facility management)는 부동산시설을 운영하고 유지하는 것으로 시설사용자나 기업의 요구에 따르는 소극적 관리에 해당한다.

⑤ 자산관리(asset management)는 물건의 매입 또는 매각, 재무분석, 자산가치평가 등을 포함한다.

체크 Plus★★

③ 오피스 빌딩에 대한 대대적인 리모델링 투자의 사결정은 부동산 관리업무 중 자산관리(asset management)에 속한다.

34 부동산마케팅 전략에 대한 다음 내용 중 **틀린** 것은?

① 시장세분화(market segmentation)란 부동산상품의 소비자를 유사한 특성의 소집단으로 구분하는 것이다.

② 부동산마케팅을 수행하기 위한 주요 수단으로 제품(product), 촉진(promotion), 유통(place), 가격(price) 등의 마케팅믹스(marketing mix)가 있다.

③ 부동산마케팅의 가격전략 중 빠른 자금회수를 원하고 지역구매자의 구매력이 낮은 경우, 고가전략을 이용한다.

④ 다른 아파트와 차별화되도록 '혁신적인 내부구조로 설계된 아파트'는 제품(product) 전략의 예가 될 수 있다.

⑤ 주택청약자를 대상으로 추첨을 통해 벽걸이TV, 양문형 냉장고 등을 제공하는 것은 마케팅 믹스 전략 중 판매촉진(promotion)에 해당한다.

체크 Plus*

③ 부동산마케팅의 가격전략 중 빠른 자금회수를 원하고 지역구매자의 구매력이 높은 경우, 고가전략을 이용한다.

35 감정평가에 대한 다음 내용 중 옳은 것은?

① 부동산가액은 3면 등가성의 원리로 인해 어느 방식으로 평가하여도 가액이 동일하기 때문에 조정 작업이 필요 없다.

② 3방식 적용결과 각 시산가액이 일치하지 않았기 때문에, 산술평균하여 평가가격을 결정하였다.

③ 원가법이란 대상물건의 재조달원가에 감가수정(減價修正)을 하여 대상물건의 가액을 산정하는 감정평가방법을 말한다.

④ 재조달원가는 신축시점 현재 건축물을 신축하는데 소요되는 투하비용을 말한다.

⑤ 적산법은 기준시점에 있어서의 대상물건의 가격을 기대이율로 곱하여 산정한 금액에 사정보정 등을 가하여 임대료를 산정하는 방법을 말한다.

체크 Plus**

① 부동산의 경우 완전경쟁시장이 아니므로 3면 등가의 원리(=3가지 방식으로 평가한 가액이 일치한다고 보는 원리)가 적용되기 어려우므로 시산가액의 조정이 필요하다.

② 주된 방법에 의한 시산가액과 다른 방법에 의한 시산가액을 비교하여 합리성 검토를 하거나 조정하여 감정평가액을 결정하는데 반드시 산술평균해야 하는 것은 아니며 가중치를 부여하는 가중평균의 방법으로 한다고 볼 수 있다. 산술평균은 가중치를 동일하게 부여하는 형태로서 가중평균의 일부에 해당할 뿐이다.

④ 재조달원가는 기준시점 현재 건축물을 신축(또는 재취득)하는데 소요되는 적정원가 총액을 말한다.

⑤ 사정보정 등을 가하여 임대료를 산정하는 방법을 말한다. → 필요제경비를 가산하여 임대료를 산정하는 방법을 말한다.

정답 | 34 ③ 35 ③

36 감정평가이론상 환원율을 산정할 경우, 산식에 들어갈 내용으로 옳은 것은?

> • 환원율 $= \dfrac{(~\bigcirc~)}{가격}$
>
> • 환원율 $= (~\bigcirc~) \times$ 대부비율 $\times$ 저당상수

① (㉠) 순영업소득, (㉡) 채무불이행률
② (㉠) 순영업소득, (㉡) 부채감당률
③ (㉠) 가능총소득, (㉡) 총자산회전율
④ (㉠) 가능총소득, (㉡) 채무불이행률
⑤ (㉠) 유효총소득, (㉡) 부채감당률

체크 Plus★

• ㉠ 순영업소득
• ㉡ 부채감당률 : 전통적 소득접근법에 따르면 순수익으로서 순영업소득을 사용한다.

37 물건별 감정평가에 대한 내용이다. 옳은 것은?

① 건물의 평가는 거래사례비교법에 의함을 원칙으로 한다.
② 건물과 토지를 일괄하여 평가하는 경우에는 거래사례비교법 또는 수익환원법에 의한다.
③ 과수원의 평가는 거래사례비교법에 의한다. 다만, 거래사례비교법에 의한 평가가 적정하지 아니한 경우에는 유령수로 구성되어 있는 과수원의 경우에는 원가법으로, 그 외의 경우에는 수익환원법으로 평가할 수 있다.
④ 자동차의 주된 평가방법과 선박 및 항공기의 주된 평가방법은 다르다.
⑤ 영업권의 평가는 수익환원법에 의한다. 다만, 수익환원법에 의한 평가가 적정하지 아니한 경우에는 원가법에 의할 수 있다.

체크 Plus★★

자동차의 주된 평가방법은 기래사례비교법이며, 선박 및 항공기의 주된 평가방법은 원가법이다.
① 건물을 감정 평가할 때에 원가법을 적용하여야 한다. 단서는 없다.
② 거래사례비교법 또는 수익환원법 → 거래사례비교법
③ 감정평가법인 등은 과수원을 감정 평가할 때에 거래사례비교법을 적용하여야 한다. 단서는 없다.
⑤ 감정평가업자는 영업권, 특허권, 실용신안권, 디자인권, 상표권, 저작권, 전용측선이용권(專用側線利用權), 그 밖의 무형자산을 감정 평가할 때에 수익환원법을 적용하여야 한다.

⊕ PLUS

②의 보충설명이다. 「집합건물의 소유 및 관리에 관한 법률」에 따른 구분소유권의 대상이 되는 건물부분과 그 대지사용권을 일괄하여 감정 평가하는 경우 등 토지와 건물을 일괄하여 감정 평가할 때에는 거래사례비교법을 적용하여야 한다. 이 경우 감정평가액은 합리적인 기준에 따라 토지가액과 건물가액으로 구분하여 표시할 수 있다.

정답 I   36 ② 37 ④

38 부동산가격공시에 관한 다음 내용 중 **틀린** 것은?

① 표준지공시지가의 이의신청서에는 신청인의 성명 및 주소, 표준지의 소재지·지목·실제용도·토지이용상황·주위환경 및 상황, 이의신청의 사유를 기재하여야 한다.

② 표준지공시지가의 이의신청은 표준지공시지가의 공시일부터 30일 이내에 신청할 수 있다.

③ 표준지공시지가의 공시사항으로는 표준지의 단위면적당 가격, 표준지 및 주변토지의 이용 상황, 도로·교통상황, 지세 등이 있다.

④ 표준지의 평가에 있어서 공익사업의 계획 또는 시행이 공고 또는 고시됨으로 인해 공시기준일 현재 현실화·구체화된 지가의 증가분은 이를 반영하여 평가한다.

⑤ 표준지공시지가는 감정평가법인 등이 개별적으로 토지를 감정 평가하는 경우에 그 기준이 된다.

체크 Plus★★

③ 공시사항은 표준지의 지번, 표준지의 단위면적당 가격, 표준지의 면적 및 형상, 표준지 및 주변토지의 이용 상황, 그 밖에 대통령령이 정한 사항(지목, 용도지역, 도로 상황 등)이다. 따라서 **교통상황, 지세 등은 해당되지 않는다.**

---

39 부동산 가격공시에 관한 법률상 표준지공시지가의 효력으로 옳은 것을 모두 고른 것은?

> ㉠ 일반적인 토지거래의 지표
> ㉡ 토지시장에 지가정보를 제공
> ㉢ 국가·지방자치단체 등이 과세 등의 업무와 관련하여 주택의 가격을 산정하는 경우에 기준
> ㉣ 감정평가법인 등이 지가변동률을 산정하는 경우에 기준

① ㉠, ㉡, ㉢, ㉣　　　② ㉡, ㉢, ㉣
③ ㉠, ㉢, ㉣　　　　　④ ㉠, ㉡
⑤ ㉡, ㉣

체크 Plus★★

• 표준지공시지가는 토지시장에 지가정보를 제공하고 일반적인 토지거래의 지표가 되며, 국가·지방자치단체 등이 그 업무와 관련하여 **지가를 산정**하거나 감정평가법인 등이 개별적으로 토지를 감정 평가하는 경우에 기준이 된다.

• ㉢ 국가·지방자치단체 등이 과세 등의 업무와 관련하여 주택의 가격을 산정하는 경우에 기준이 되는 것은 **개별주택가격**이다.

• ㉣ 감정평가법인 등이 지가변동률을 산정하는 경우에 기준이 되는 것은 '**표본지**'가격이다.

---

40 주택 가격공시에 관한 내용 중 <u>틀린</u> 것은?

① 공동주택가격을 조사·산정하는 경우에는 인근 유사 공동주택의 거래가격·임대료 및 해당 공동주택과 유사한 이용가치를 지닌다고 인정되는 공동주택의 건설에 필요한 비용 추정액, 인근지역 및 다른 지역과의 형평성·특수성, 공동주택가격 변동의 예측 가능성 등 제반사항을 종합적으로 참작하여야 한다.

② 공동주택가격은 표준주택가격과 개별주택가격으로 구분하여 공시된다.

③ 국토교통부장관은 공동주택에 대하여 매년 공시기준일 현재의 적정가격을 조사·산정하여 중앙부동산가격공시위원회의 심의를 거쳐 공시하고, 이를 관계행정기관 등에 제공하여야 한다.

④ 개별주택가격은 주택시장의 가격정보를 제공하고, 국가·지방자치단체 등의 기관이 과세 등의 업무와 관련하여 주택의 가격을 산정하는 경우에 그 기준으로 활용될 수 있다.

⑤ 공동주택가격은 주택시장의 가격정보를 제공하고, 국가·지방자치단체 등의 기관이 과세 등의 업무와 관련하여 주택의 가격을 산정하는 경우에 그 기준으로 활용될 수 있다.

체크 Plus★★

② 단독주택의 경우에 표준주택가격과 개별주택가격으로 구분하여 공시한다. 공동주택가격은 그렇지 않다.

공인중개사 1차
국가자격시험

교시	문제형별	시험과목	회차
1교시	B	① 부동산학개론	제10회

★ 초급 ★★ 중급 ★★★ 고급으로 문제의 난이도를 표시한 것임.

01 토지용어에 대한 다음 내용 중 <u>틀린</u> 것은?

① 후보지(候補地)는 임지지역, 농지지역, 택지지역 상호 간에 다른 지역으로 전환되고 있는 어느 지역의 토지를 말한다.

② 용도지역 내에서 지역 간 용도변경이 진행되고 있는 토지를 이행지라 한다.

③ 건부지(建附地)가격은 건부감가에 의해 나지가격보다 높게 평가된다.

④ 토지에 건물이나 그 밖의 정착물이 없고 지상권 등 토지의 사용·수익을 제한하는 사법상의 권리가 설정되어 있지 아니한 토지를 나지(裸地)라 한다.

⑤ 법지(法地)는 소유권은 인정되지만 이용실익이 없거나 적은 토지를 말한다.

체크 Plus★

③ 건부지 가격은 건부감가에 의해 나지가격보다 낮게 평가된다.

02 부동산의 특성에 대한 내용 중 <u>틀린</u> 것은?

① 부동산의 물리적 특성 중 모든 부동산에 공통되는 물리적 특성을 개별적 특성이라 한다.

② 개별성이 있어 일물일가의 법칙이 배제되며, 토지시장에서 상품 간 완전한 대체관계가 제약된다.

③ 영속성은 소유함으로써 생기는 자본이익(capital gain)과 이용하여 생기는 운용이익(income gain)을 발생시킨다.

④ 부동성은 부동산활동을 임장활동화하며, 감정평가에서 지역분석을 필요로 한다.

⑤ 토지의 부증성으로 인해 토지의 소유 욕구를 보다 증대시킨다.

체크 Plus★★

① 개별적 특성(개별성)은 개개의 부동산이 가지는 비동질성이다.

정답 | 01 ③   02 ①

03 토지의 특성에 대한 내용이다. 옳은 것은?

① 토지는 영속성으로 인해 원칙적으로 감가상각이 적용된다.

② 매립이나 산지개간을 통한 농지나 택지의 확대는 부증성의 예외이다.

③ 토지의 부증성으로 인해 이용전환을 통한 토지의 용도적 공급을 더 이상 늘릴 수 없다.

④ 부증성(비생산성)으로 인해 토지이용이 점차 집약화하는 경향이 있다.

⑤ 토지의 개별성은 공급을 비탄력적이고 비독점적으로 만드는 성질이 있다.

체크 Plus★★

① 토지는 영속성으로 인해 원칙적으로 감가상각이 적용되지 않는다.

② 매립이나 산지개간을 통한 농지나 택지의 확대는 토지의 경제적 공급으로서 부증성의 예외가 아니다.(여전히 물리적 부증성은 유지된다.)

③ 없다.→ 있다. : 토지의 이용전환을 통한 토지의 용도적 공급을 늘릴 수 있다(가능하다). 이는 경제적 공급에 해당한다.

⑤ 비독점적→ 독점적 : 부동산의 개별성은 공급을 비탄력적이고 독점적으로 만드는 성질이 있다.

04 부동산 수요와 공급에 대한 다음 내용 중 틀린 것은?

① 부동산수요량은 특정 가격수준에서 부동산을 구매하고자 하는 의사와 능력이 있는 수량이다.

② 부동산시장을 분석할 때 사용하는 자료는 그 성격에 따라 일정기간에 거쳐 양(量)을 측정하는 유량(flow) 자료와 일정시점에서 양을 측정하는 저량(stock) 자료로 구별할 수 있다.

③ 만약 현재 우리나라에 총 2,500만 채의 주택이 존재하고 그 중 100만 채가 공가로 남아 있다면, 현재 주택유량의 수요량은 2,400만 채이다.

④ 일정시점에 시장에 존재하는 주택의 양과 사람들이 보유하고자 하는 주택의 양은 다를 수 있다.

⑤ 부동산의 신규공급은 일정한 시점에서 측정되는 저량 개념이 아니라 일정한 기간 동안 측정되는 유량개념이다.

체크 Plus★★

③ 주택유량의 수요량은 2,400만 채이다. → 주택저량의 수요량은 2,400만 채이다.

05 다음은 부동산공급에 대한 내용이다. 틀린 것은?

① 다른 조건은 동일하다고 할 때 주택건설업체 수의 증가는 부동산시장에서 주택의 공급곡선을 우측으로 이동시키는 요인이다.

② 다른 조건은 동일할 때 한 국가 전체의 토지공급량이 불변이라면 토지공급의 가격탄력성은 '0'이다.

③ 매립이나 산지개간을 통한 농지나 택지의 확대는 토지의 물리적 공급곡선을 우측으로 이동시킨다.

④ 용적률의 감소는 아파트 개발사업 시행사의 예상 사업이익에 부정적이다.

⑤ 건축기자재 가격이 상승하더라도 주택가격이 변하지 않는다면 주택공급은 감소할 것이다.

06 부동산 수요와 공급의 탄력성에 대한 다음 내용 중 틀린 것은?

① 다른 조건은 일정할 때 어느 부동산과 밀접한 대체재가 시장에 출현한다면, 그 부동산에 대한 수요의 탄력성은 이전보다 더 커진다.

② 수요의 가격탄력성이 비탄력적이면 가격의 변화율보다 수요량의 변화율이 더 작다.

③ 다른 조건은 불변이라고 가정할 때 부동산 수요의 가격탄력성은 주거용 부동산에 비해 특정 입지조건을 요구하는 공업용 부동산에서 더 탄력적이다.

④ 다른 조건은 불변이라고 가정할 때 부동산의 용도전환이 용이하면 할수록 부동산 수요의 가격탄력성이 커진다.

⑤ 다른 조건은 불변이라고 가정할 때 부동산 수요의 가격탄력성은 단기에서 장기로 갈수록 탄력적으로 변하게 된다.

07 아파트시장에서 수요함수는 일정한데, 공급함수는 조건과 같이 변화하였다. 이 경우 균형가격(㉠)과 공급곡선의 기울기(㉡)는 어떻게 변화하였는가? (단, 가격과 수량의 단위는 무시하며, 주어진 조건에 한함)

- 공급함수 : $Q_{s1}=40+P(이전) \rightarrow Q_{s2}=40+2P$
- 수요함수 : $Q_d=160-2P$
- P는 가격, Q_s는 공급량, Q_d는 수요량, X축은 수량, Y축은 가격을 나타냄

① ㉠ : 5 감소, ㉡ : $\frac{1}{2}$ 감소 ② ㉠ : 5 증가, ㉡ : $\frac{1}{2}$ 증가

③ ㉠ : 10 감소, ㉡ : 1 감소 ④ ㉠ : 10 증가, ㉡ : 1 증가

⑤ ㉠ : 10 감소, ㉡ : $\frac{1}{2}$ 감소

체크 Plus★★★

- 이전 균형 : $Q_{s1}=Q_d$, $40+P=160-2P$, $3P=120$, $P=40$
- 이후 균형 : $Q_{s2}=Q_d$, $40+2P=160-2P$, $4P=120$, $P=30$
  따라서 균형 가격 ㉠은 10 감소
- 이전의 공급곡선 : $Q_{s1}=40+P \rightarrow P=-40+Q_{s1}$, 기울기는 1
- 이후의 공급곡선 : $Q_{s2}=40+2P$
  $\rightarrow 2P=-40+Q_{s2} \rightarrow P=-20+\frac{1}{2}Q_{s2}$, 기울기는 $\frac{1}{2}$ 따라서 기울기 ㉡은 $\frac{1}{2}$ 감소

08 어느 지역의 수요와 공급함수가 각각 A부동산 상품시장에서는 $Q_d=300-2P$, $2Q_s=-20+P$, B부동산 상품시장에서는 $Q_d=500-2P$, $Q_s=-20+2P$이며, A부동산 상품의 가격이 10% 상승하였을 때 B부동산 상품의 수요가 10% 감소하였다. 거미집이론(Cob-web theory)에 의한 A와 B 각각의 모형 형태와 A부동산 상품과 B부동산 상품의 관계는? (단, X축은 수량, Y축은 가격, 각각의 시장에 대한 P는 가격, Q_d는 수요량, Q_s는 공급량이며, 다른 조건은 동일함)

① A : 수렴형, B : 순환형, 대체재

② A : 수렴형, B : 발산형, 독립재

③ A : 발산형, B : 발산형, 독립재

④ A : 발산형, B : 수렴형, 대체재

⑤ A : 수렴형, B : 순환형, 보완재

체크 Plus★★★

- A $Q_d=300-2P \rightarrow 2P=300-Q_d \rightarrow P=150-\frac{1}{2}Q_d$
  $\rightarrow$ 기울기는 $-\frac{1}{2}$
  $2Q_s=-20+P \rightarrow P=20+2Q_s \rightarrow$ 기울기는 2
  함수의 기울기 : |수요곡선의 기울기$(-\frac{1}{2})$|
  $<$ |공급곡선의 기울기(2)| ∴ 수렴형
- B $Q_d=500-2P \rightarrow 2P=500-Q_d \rightarrow P=250-\frac{1}{2}Q_d$
  $\rightarrow$ 기울기는 $-\frac{1}{2}$
  $Q_s=-20+2P \rightarrow 2P=20+Q_s \rightarrow P=10+\frac{1}{2}Q_s$
  $\rightarrow$ 기울기는 $\frac{1}{2}$
  함수의 기울기 : |수요곡선의 기울기$(-\frac{1}{2})$|
  $=$ |공급곡선의 기울기$(\frac{1}{2})$| ∴ 순환형
- C A부동산가격이 상승하여 (A부동산의 수요량이 감소하고 이와 함께) B부동산의 수요가 감소했기 때문에 서로 보완재에 해당한다.

09 **주택의 여과과정에 대한 내용이다. 틀린 것은?**

① 소득증가로 저가주택수요가 증가하면 하향여과 (filtering down)과정이 나타난다.

② 저급주택이 수선되거나 재개발되어 상위계층에서 사용되는 것을 상향여과라 한다.

③ 어떤 지역의 토지이용이 이질적 요소의 침입으로 인해, 다른 종류의 토지이용으로 변화되어 가는 과정을 천이(succession)라 한다.

④ 주거분리란 고소득층의 주거지역과 저소득층의 주거지역이 분리되는 현상을 말한다.

⑤ 주거분리는 도시 전체가 아니라 지리적으로 인접한 근린지역에서 발생한다.

체크 Plus★★

⑤ 주거분리는 도시 전체에서 뿐만 아니라 지리적으로 인접한 근린지역에서도 발생할 수 있다.

10 **도시 A와 B간에 도시 C가 있다. 레일리의 소매인력법칙을 이용하여 도시 C로부터 도시 A와 도시 B로의 인구비율을 구하시오.**

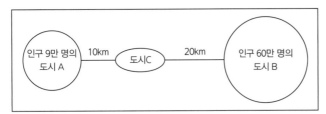

① A도시 : 0.375, B도시 : 0.625

② A도시 : 0.370, B도시 : 0.630

③ A도시 : 0.365, B도시 : 0.635

④ A도시 : 0.360, B도시 : 0.640

⑤ A도시 : 0.355, B도시 : 0.645

체크 Plus★★★

• A도시 흡인력 $= \dfrac{90,000}{10^2} = 900$

• B도시 흡인력 $= \dfrac{600,00}{20^2} = 1,500$

• A도시 유인비율 $= \dfrac{900}{2,400} = 0.375$

• B도시 유인비율 $= \dfrac{1\,500}{2,400} = 0.625$

11 지대이론에 대한 다음 내용 중 <u>틀린</u> 것은?

① 절대지대설에 따르면 토지의 소유 자체가 지대의 발생 요인이다.

② 절대지대설에 따르면 토지 소유자는 최열등지에 대해서는 지대를 요구할 수 없다.

③ 마샬(A. Marshall)은 일시적으로 토지와 유사한 성격을 가지는 생산요소에 귀속되는 소득을 준지대로 설명하고, 단기적으로 공급량이 일정한 생산요소에 지급되는 소득으로 보았다.

④ 리카도(D.Ricardo)의 차액지대설에서 지대는 잉여이므로 농산물가격이 상승하는 경우 지대가 상승하며 농산물가격이 하락하는 경우 지대가 하락한다.

⑤ 튀넨은 지대의 결정이 토지의 비옥도만이 아닌 위치에 따라 달라지는 위치지대(location rent)의 개념을 통해, 현대적인 입지이론의 기초를 제공했다.

체크 Plus★

② 마르크스의 절대지대설에 따르면 토지 소유자는 비옥도를 기준으로 하지 않고 소유권을 행사하여 최열등지에 대해서도 지대를 요구할 수 있다고 본다.

12 다음에서 설명하는 지대이론은?

- 지대가 발생하는 이유는 비옥한 토지의 양이 상대적으로 희소하고 토지에 수확체감(한계생산물체감)현상이 있기 때문이다.
- 경작되고 있는 토지 가운데 곡물가격과 생산비가 같아지는 생산성이 가장 낮은 토지를 한계지(최열등지)라고 한다.
- 한계지에서는 지대가 발생하지 않으며, 어떤 토지의 지대는 그 토지의 생산성과 한계지의 생산성과의 차이에 의해 결정된다.
- 지대는 토지생산물 가격의 구성요인이 되지 않으며 또한 될 수도 없다.

① 튀넨(J.H.von Thünen)의 위치지대설

② 리카도(D. Ricado)의 차액지대설

③ 마르크스(K.Marx)의 절대지대설

④ 마샬(A.Marshall)의 준지대

⑤ 파레토(V.Pareto)의 경제지대

체크 Plus★

- 리카도(D. Ricado)의 차액지대설에 대한 내용이다.

13 도시 공간 구조론에 대한 다음 내용 중 옳은 것은?

① 튀넨(J.H.von Thünen)은 버제스의 동심원이론을 도시 내부에 적용하였다.

② 동심원이론에 의하면 점이지대는 고급주택지구보다 도심으로부터 원거리에 위치한다.

③ 동심원이론에 따르면 저소득층일수록 고용기회가 적은 부도심과 접근성이 양호하지 않은 지역에 주거를 선정하는 경향이 있다.

④ 버제스(E. Burgess)는 도시의 성장과 분화가 주요 교통망에 따라 확대되면서 나타난다고 보았다.

⑤ 선형이론에 의하면 주택구입능력이 높은 고소득층의 주거지는 주요 간선도로 인근에 입지하는 경향이 있다.

14 외부효과에 대한 다음 내용 중 틀린 것은?

① 생산과정에서 외부불경제를 발생시키는 재화의 공급을 시장에 맡길 경우, 그 재화는 사회적인 최적 생산량보다 과다하게 생산되는 경향이 있다.

② 부(−)의 외부효과를 발생하게 되면 법적 비용, 진상조사의 어려움 등으로 인해 당사자 간 해결이 곤란한 경우가 많다.

③ 여러 용도가 혼재되어 있어 인접지역 간 토지이용의 상충으로 인하여 토지시장의 효율적인 작동을 저해하는 경우, 부(−)의 외부효과가 발생할 수 있다.

④ 부(−)의 외부효과를 발생시키는 시설의 경우, 발생된 외부효과를 제거 또는 감소시키기 위한 사회적 비용이 발생할 수 있다.

⑤ 지역지구제나 토지이용계획은 외부효과 문제의 해결 수단이 될 수 없다.

15 부동산정책 중 금융규제에 해당하는 것은?

① 담보인정비율(LTV)과 총부채상환비율(DTI)의 강화

② 양도소득세 강화

③ 토지거래허가제 시행

④ 개발제한구역 해제

⑤ 개발권 양도제(TDR) 시행

체크 Plus*

① 담보인정비율(LTV)과 총부채상환비율(DTI)의 강화가 금융규제에 해당된다.

16 현재 우리나라에서 시행하고 있는 부동산시장에 대한 정부의 개입수단이 아닌 것은?

① 임대주택의 건설 공급

② 분양가상한제

③ 개발권양도제(TDR)

④ 토지비축제도(토지은행제도)

⑤ 공영개발사업

체크 Plus**

③ 개발권양도제(TDR)는 현재 우리나라에서 시행하고 있지 않다.

17 임대료규제에 대한 내용이다. 틀린 것은

① 다른 조건이 일정할 때 정부가 임대료 한도를 시장균형임대료보다 높게 설정하면 초과수요가 발생하여 임대부동산의 부족현상이 초래된다.

② 정부가 임대료를 균형가격 이하로 규제하면 장기적으로 민간임대주택의 공급량은 감소할 수 있다.

③ 시장의 균형임대료보다 낮은 임대료 규제는 임대부동산의 공급축소와 질적 저하를 가져올 수 있다.

④ 규제임대료가 시장임대료보다 높을 경우, 임대료규제는 임대부동산의 질적 저하를 가져오지 않으며, 기존 세입자들의 이동도 저하시키지는 않는다.

⑤ 시장임대료 이하로 임대료를 통제하면 단기에 공급이 완전비탄력적인 경우 임대인의 소득 일부가 임차인에게 귀속되는 소득의 재분배 효과가 있다.

체크 Plus★★

① 정부의 임대료 한도가 시장균형임대료보다 낮게 설정될 때 초과수요가 발생하여 임대부동산의 부족현상이 초래될 수 있지만 임대료 한도를 시장균형임대료보다 높게 설정할 경우 아무런 변화가 없다. 심지어 초과공급도 발생하지 않는다.

18 정부의 주택정책에 대한 내용이다. 옳은 것은? (단, 다른 조건은 동일하다)

① 주택법령상 국민주택 건설 사업을 추진하는 공공사업에 의하여 개발·조성되는 공동주택이 건설되는 용지에는 주택의 분양가격을 제한할 수 없다.

② 분양가상한제는 시장가격 이상으로 상한가격을 설정하여 무주택자의 주택가격 부담을 완화시키고자 하는 제도이다.

③ 분양가상한제의 상한가격이 시장가격보다 낮을 경우 일반적으로 초과공급이 발생한다.

④ 분양가상한제를 소형주택에만 적용하면 소형주택의 공급은 확대되고 대형주택의 공급은 위축될 수 있다.

⑤ 분양가 상한제는 분양주택에 대한 프리미엄이 형성되면 분양권을 불법으로 전매하는 등의 현상이 나타날 수 있다.

체크 Plus★★

① 제한할 수 없다. → 제한할 수 있다.
② 분양가상한제는 시장가격 이하에서 상한가격을 설정하여 무주택자의 주택가격 부담을 완화시키고자 하는 제도이다.
③ 분양가상한제의 상한가격이 시장가격보다 낮을 경우 일반적으로 초과수요가 발생한다.
④ 분양가상한제를 소형주택에만 적용하면 소형주택의 공급은 장기적으로 축소(또는 감소)되고 오히려 대형주택의 공급이 확대(또는 증가)될 수 있다.

19 위험과 수익에 대한 다음 내용 중 <u>틀린</u> 것은?

① 동일한 위험증가에 대해 위험 회피형 투자자는 위험 추구형 투자자보다 더 높은 수익률을 요구하게 된다.

② 수익률의 분포가 정규분포라면 수익률의 분산이나 표준편차로 위험을 측정할 수 있다.

③ 기대수익률은 부동산 투자에서 기대할 수 있는 예상수입과 예상지출로 계산한 수익률이다.

④ 요구수익률은 해당 부동산에 투자해서 획득할 수 있는 최대한의 수익률이다.

⑤ 부동산 투자의 위험도에 따라 추가적으로 요구되는 수익률을 위험 보상률(위험할증률)이라고 한다.

체크 Plus★★

④ 요구수익률은 해당 부동산에 투자해서 획득하고자 하는 '최소한'의 수익률이다.

20 상가, 오피스텔, 아파트에 대한 경제상황별 수익률이 다음과 같이 추정될 때, 이에 관한 설명으로 **틀린** 것은?

구분		경제상황	
		호황	불황
확률		0.5	0.5
수익률(%)	상가	18	6
	오피스텔	16	4
	아파트	10	2

① 개별상품의 기대수익률은 경제상황별 확률을 해당 상품의 추정 수익률에 곱하여 계산한다.

② 투자위험은 추정 수익률의 분포, 즉 분산이나 표준편차로 측정할 수 있다.

③ 기대수익률은 상가가 가장 높고, 다음은 오피스텔이며, 아파트가 가장 낮다.

④ 일반적으로 위험-수익 상쇄관계에 따르면 투자위험은 아파트가 가장 낮다.

⑤ 평균-분산지배원리를 기준으로 볼 때, 상가가 아파트를 지배한다.

⊕ PLUS

- ③ 기대수익률 순서는 아파트(0.5×10%+0.5×2%=6%) ⟨ 오피스텔(0.5×16%+0.5×4%=10%) ⟨ 상가(0.5×18%+0.5×6%=12%)이다.
- ④ 위험-수익 상쇄관계에 따르면 위험(분산, 표준편차)이 높을수록 수익률이 높을 것이므로 기대수익률이 '아파트(6%) ⟨ 오피스텔(10%) ⟨ 상가(12%)'이므로 분산 크기의 순서도 그러할 것이라고 짐작할 수는 있지만, 만약 각각의 총 투자액을 100이라고 가정하고 각각의 분산을 계산해본다면 다음과 같다.
  아파트(16) ⟨ 오피스텔(36)=상가(36)

상가	$(18-12)^2 \times 0.5 + (6-12)^2 \times 0.5 = 6^2 \times 0.5 + (-6)^2 \times 0.5 = 18+18 = 36$
오피스텔	$(16-10)^2 \times 0.5 + (4-10)^2 \times 0.5 = 6^2 \times 0.5 + (-6)^2 \times 0.5 = 18+18 = 36$
아파트	$(10-6)^2 \times 0.5 + (2-6)^2 \times 0.5 = 4^2 \times 0.5 + (-4)^2 \times 0.5 = 8+8 = 16$

21 포트폴리오이론에 대한 다음 내용 중 틀린 것은?

① 효율적 프런티어(효율적 전선)란 평균-분산 지배원리에 의해 모든 위험수준에서 최대의 기대수익률을 얻을 수 있는 포트폴리오의 집합을 말한다.

② 투자자 자신의 무차별곡선과 효율적 프런티어(efficient frontier)의 교차점에서 최적의 포트폴리오가 선택된다.

③ 효율적 프런티어(효율적 전선)의 우상향에 대한 의미는 투자자가 높은 수익률을 얻기 위해 많은 위험을 감수하는 것이다.

④ 무차별곡선의 접선의 기울기는 공격적 투자자에 비해 보수적 투자자일수록 더 가파르다.

⑤ 분산투자효과는 포트폴리오를 구성하는 투자자산 종목의 수를 늘릴수록 비체계적 위험이 감소되어 포트폴리오 전체의 위험이 감소되는 것이다.

체크 Plus★★

② 투자자 자신의 무차별곡선과 효율적 프런티어의 접점에서 최적의 포트폴리오가 선택된다.

22 다음 대상 부동산의 연간 순영업 소득(NOI)은?

- 건축연면적 : 2,000m²
- 유효임대면적 비율 : 80%(건축연면적 대비)
- 연 평균임대료 : 6,000원/m²
- 영업경비율 : 50%(유효조소득 기준)
- 평균공실률 : 10%
- 연간 부채상환액 : 400원/m²(유효 임대면적 기준)

① 9,600,000원 ② 8,640,000원

③ 6,230,000원 ④ 4,320,000원

⑤ 3,430,000원

체크 Plus★★★★

- ㉠ 유효총소득=2,000×80%(유효임대면적)×6,000원(연평균임대료)×[(1-0.1(평균공실률)] =1,600×6,000원×0.9=8,640,000원
- ㉡ 순영업소득=유효총소득(8,640,000원)×[(1-0.5(영업경비율)]=8,640,000×0.5 =4,320,000원

23 향후 2년간 현금흐름을 이용한 다음 임대사업의 수익성지수(PI)를 계산하면 얼마인가? (단, 연간 기준이며, 주어진 조건에 한함)

- 모든 현금의 유입과 유출은 매년 말에만 발생
- 현금유입은 1년차 1,000만 원, 2년차 1,500만 원
- 현금유출은 현금유입의 80%
- 1년 후 일시불의 현가계수 0.95
- 2년 후 일시불의 현가계수 0.90

① 1.25
② 1.20
③ 1.15
④ 1.10
⑤ 1.05

⊕**PLUS**

한편, 현금유출은 현금유입의 80%이며 동일한 현가계수를 사용하므로, 현금유출현재가치는 현금유입현재가치의 80%이다.

따라서 복잡하게 계산할 필요 없이 바로 $\dfrac{100\%}{80\%}$ = 1.25로 계산해도 된다.

24
비율분석법과 기타의 투자분석기법에 대한 내용이다. 틀린 것은?

① 부채감당률이 1보다 작으면 차입자의 원리금 지불능력이 충분하다고 판단할 수 있다.

② 부채 감당비율(DCR)은 2이고 순영업소득이 10,000,000원일 경우 부동산을 담보로 차입할 수 있는 최대의 부채서비스액은 5,000,000원이다.

③ 회계적이익률법에서는 투자안의 이익률이 목표이익률보다 높은 투자안 중에서 이익률이 가장 높은 투자안을 선택하는 것이 합리적이다.

④ 부채감당률이 2, 대부비율이 50%, 연간 저당상수가 0.1이라면 (종합)자본환원율은 10%이다.

⑤ 비율분석법의 한계로는 요소들에 대한 추계산정의 오류가 발생하는 경우에 비율 자체가 왜곡될 수 있다는 점을 들 수 있다.

체크 Plus★★

① 부채감당률은 순영업소득이 부채서비스액의 몇 배가 되는가를 나타내므로 이 값이 1보다 작으면 차입자의 채무불이행 위험이 상대적으로 높아지며 원리금 지불능력이 충분하다고 보기 어렵다.

② 부채감당률 = $\dfrac{순영업소득}{부채서비스액}$이므로 부채서비스액

$= \dfrac{10,000,000}{2} = 5,000,000$

⊕PLUS

- (종합)자본환원율 = $\dfrac{순영업소득}{부동산가치}$ 여기서 부동산가치를 100이라고 한다

  > ㉠ 부채감당률 = $\dfrac{순영업소득}{부채서비스액}$ = 2 ㉡ 대부비율 = $\dfrac{대출액}{부동산가치}$ = 0.5

- 부채서비스액 = 대출액 × 저당상수(0.1)을 기준으로 한다.

  > ㉡ 대부비율 = $\dfrac{대출액}{100}$ = 0.5에서 대출액 = 50 ㉢ 부채서비스액 = 50 × 저당상수(0.1) = 5
  >
  > ㉠ 부채감당률 = $\dfrac{순영업소득}{부채서비스액(5)}$ = 2 → $\dfrac{순영업소득}{5}$ = 2 → 순영업소득 = 10

- 따라서 (종합)자본환원율 = $\dfrac{순영업소득}{부동산가치}$ = $\dfrac{10}{100}$ = 0.1(10%)이다.

정답 I   24 ①

25 단순 회수기간법으로 부동산 투자안들의 타당성을 분석한 결과 가장 옳은 것은? (단, 현금흐름은 기간 중에 균등하게 발생한다고 가정)

기간	투자안별 현금흐름(단위 : 만 원)				
	A	B	C	D	E
현재	-500	-700	-600	-800	-900
1년	100	200	200	200	100
2년	200	300	100	100	200
3년	100	100	300	300	200
4년	100	200	200	100	300
5년	400	300	200	200	100

① A ② B
③ C ④ D
⑤ E

26 주택담보대출과 관련된 다음 내용 중 틀린 것은?

① 대출기관은 이자율변동에 따른 손실위험을 회피하기 위해 변동금리대출상품 판매를 선호한다.

② 변동금리 주택담보대출은 이자율 변동으로 인한 위험을 차입자에게 전가하는 방식으로 금융기관의 이자율 변동 위험을 줄일 수 있는 장점이 있다.

③ 다른 조건이 동일할 때 변동금리 주택담보대출의 조정 주기가 짧을수록 금융기관은 금리변동위험을 차입자에게 더 전가하게 된다.

④ 담보 인정비율(LTV)은 주택의 담보가치를 중심으로 대출규모를 결정하는 기준이고, 차주상환능력(DTI)은 차입자의 소득을 중심으로 대출규모를 결정하는 기준이다.

⑤ 금융 감독기관은 주택저당대출의 대출기준인 대부비율(loan to value ratio)을 올려서 주택수요를 줄일 수 있다.

정답 | 25 ③ 26 ⑤

27 시장가격이 10억 원이고 순영업소득이 연 1.2억 원인 상가를 보유하고 있는 A가 추가적으로 받을 수 있는 최대 대출가능 금액은? (단, 주어진 조건에 한함)

- 연간 저당상수 : 0.1
- 대출승인조건(모두 충족하여야 함)
  - 담보인정비율(LTV) : 시장가격기준 60% 이하
  - 부채감당률(DCR) : 1.2 이상
- 상가의 기존 저당대출금 : 3억 원

① 1.0억 원   ② 1.2억 원

③ 2.2억 원   ④ 3.0억 원

⑤ 3.2억 원

체크 Plus★★★

- ㉠ 담보인정비율(LTV) : 10억 원×0.6=6억 원
- ㉡ 대출 가능액$=\dfrac{\text{순영업 소득}}{\text{부채감당률} \times \text{저당상수}}$

  $=\dfrac{1.2억\ 원}{1.2 \times 0.1}=10억\ 원$
- ㉠ 담보인정비율(LTV)과 ㉡ 대출 가능액 둘 중 작은 금액 6억 원이 한도이다.
- ∴ 추가 대출가능금액=6억 원－3억 원(기존 대출액)=3억 원

28 대출상환방식에 대한 내용이다. 틀린 것은?

① 대출실행시점에서 총부채상환비율(DTI)은 체증(점증)상환방식이 원금균등상환방식보다 더 크다.

② 점증상환대출방식은 미래의 소득과 매출이 증대될 것으로 예상되는 개인과 사업자에게 유리한 대출방식이다.

③ 원리금균등상환방식이란 원리금 상환액은 매기 동일하지만 원리금에서 원금과 이자가 차지하는 비중이 상환시기에 따라 다른 방식이다.

④ 원리금균등상환방식의 경우, 매 기간에 상환하는 원리금 중에서 원금상환액의 비중이 점차적으로 증가한다.

⑤ 원리금균등분할상환방식은 원금균등분할상환방식에 비해, 초기에는 원리금의 지불액이 적다.

체크 Plus★★

① 더 크다. → 더 작다. 총부채상환비율은$=\dfrac{\text{원리금}}{\text{연소득}}$

이므로 대출실행시점에서 원리금은 체증(점증)상환방식이 원금균등상환방식보다 더 작다.

29 자산유동화에 대한 다음 내용 중 **틀린** 것은?

① 우리나라 자산유동화증권(asset-backed securities) 제도는 자산유동화에 관한 법률에 의해 도입 되었다.

② 부동산을 비롯한 여러 자산을 기초로 한 자산유동화증권(ABS)이 발행되고 있다.

③ 유동화자산이란 자산유동화의 대상이 되는 채권, 부동산, 기타 재산권 등을 말한다.

④ 부동산에 대한 지분을 증권화한 부동산 상품 중에서 대표적인 것이 주택저당증권이다.

⑤ 저당 담보부증권(MBS) 도입으로 주택금융이 확대됨에 따라 대출기관의 자금이 풍부해져 궁극적으로 주택자금 대출이 확대될 수 있다.

30 각 지역과 산업별 고용자수가 다음과 같을 때, A지역의 X산업과 B지역의 Y산업의 입지계수(LQ)를 올바르게 계산한 것은? (주어진 조건에 한하며, 결과값은 소수점 셋째자리에서 반올림함)

구분		A지역	B지역	전지역 고용자수
X 산업	고용자수	200	240	440
	입지계수	(㉠)	1.17	
Y 산업	고용자수	200	160	360
	입지계수	1.25	(㉡)	
고용자수 합계		400	400	800

① ㉠ 0.80, ㉡ 0.77
② ㉠ 0.91, ㉡ 0.89
③ ㉠ 0.94, ㉡ 0.90
④ ㉠ 0.97, ㉡ 0.92
⑤ ㉠ 0.99, ㉡ 0.95

31 부동산투자회사에 대한 다음 설명 중 **틀린** 것은?

① 부동산투자회사란 자산을 부동산에 투자하여 운용하는 것을 주된 목적으로 부동산투자회사법의 규정에 의하여 설립된 회사를 말한다.

② 부동산투자회사는 그 자산을 부동산의 취득·관리·개량 및 처분, 부동산개발사업 등의 방법으로 투자 운용하여야 한다.

③ 부동산투자회사는 주식회사로 하며, 그 상호에 부동산투자회사라는 명칭을 사용하여야 한다.

④ 대다수의 부동산투자회사는 금융기관으로부터 자금을 차입하지 않고 있다.

⑤ 금융위원회는 공익을 위하여 또는 부동산투자회사의 주주를 보호하기 위하여 필요하면 부동산투자회사 등에 금융 감독기관은 관련 업무에 관한 자료 제출이나 보고를 명할 수 있다.

체크 Plus★★

④ 부동산투자회사는 법률에 따라 자기자본 2배 이내에서(주주총회특별결의의 경우 10배 이내) 차입이 가능하다.

32 부동산 관리에서 다음과 관련되는 것은?

• 포트폴리오 관리 및 분석　• 부동산 투자의 위험 관리
• 재투자·재개발 과정분석　• 임대마케팅 시장분석

① 자가관리

② 위탁관리

③ 시설관리(facility management)

④ 자산관리(asset management)

⑤ 건물 및 임대차관리(property management)

체크 Plus★

• 자산관리(asset management)에 대한 설명이다.

33 부동산관리활동에 대한 다음 내용 중 <u>틀린</u> 것은?

① 부동산관리자가 상업용 부동산의 임차자를 선정할 때는 가능매상고가 중요한 기준이 된다.

② 임차부동산에서 발생하는 총수입(매상고)의 일정비율을 임대료로 지불한다면, 이는 임대차의 유형 중 비율임대차에 해당한다.

③ 부동산 유지·관리상의 문제가 발생한 후 처리하면 고비용의 지출, 임차인의 불편 등을 야기하므로 예방적 유지·관리를 강화할 필요가 있다.

④ 임대료 손실보험은 건물 화재 등으로 피해가 발생하여 건물을 수리 및 복원하는 기간 동안 초래되는 임대료 손실을 보상해 주는 보험이다.

⑤ 건물의 이용으로 인한 마멸 및 파손, 시간의 경과 등으로 생기는 노후화 때문에 사용이 불가능하게 될 때까지 버팀 연수를 경제적 내용연수라고 한다.

체크 Plus★★

⑤ 물리적 내용연수에 대한 설명이다.

34 다음은 부동산마케팅에 대한 내용이다. <u>틀린</u> 것은?

① 마케팅 믹스란 기업이 표적시장에 도달하기 위해 이용하는 마케팅에 관련된 여러 요소들의 조합으로 정의할 수 있다.

② 4P에 의한 마케팅믹스 전략의 구성요소는 제품(product), 유통경로(place), 판매촉진(promotion), 가격(price)이다.

③ 판매촉진(promotion)은 표적시장의 반응을 빠르고 강하게 자극·유인하기 위한 전략을 말한다.

④ 시장점유마케팅 전략은 소비자의 구매의사결정 과정의 각 단계에서 소비자와의 심리적인 접점을 마련하고 전달하려는 메시지의 취지와 강약을 조절하는 전략이다.

⑤ 관계마케팅 전략에는 공급자와 소비자의 관계를 일회적이 아닌 지속적인 관계로 유지하려 한다.

체크 Plus★

④ 고객점유마케팅 전략은 소비자의 구매의사결정 과정의 각 단계에서 소비자와의 심리적인 접점을 마련하고 전달하려는 메시지의 취지와 강약을 조절하는 전략이다.

정답 I   33 ⑤   34 ④

35 감정평가에 대한 다음 내용 중 <u>틀린</u> 것은?

① 기준시점이란 대상물건의 감정평가액을 결정하는 기준이 되는 날짜를 말한다.

② 가치는 효용에 중점을 두며, 장래 기대되는 편익은 금전적인 것뿐만 아니라 비금전적인 것을 포함할 수 있다.

③ 가치는 주관적·추상적인 개념이고, 가격은 가치가 시장을 통하여 화폐단위로 구현된 객관적·구체적인 개념이다.

④ 하나의 부동산에는 하나의 가치(value)만 성립한다.

⑤ 투자가치는 투자자가 대상 부동산에 대해 갖는 주관적인 가치의 개념이다.

체크 Plus★

④ 부동산가치는 목적에 따라 여러 가지가 존재할 수 있다.(가치의 다원적 개념)

36 가치의 발생요인과 지역분석 및 개별분석에 대한 내용이다. <u>틀린</u> 것은?

① 가치발생요인인 효용, 유효수요, 상대적 희소성 중 하나만 있어도 가치는 발생한다.

② 유효수요란 대상 부동산을 구매하고자 하는 욕구로, 지불능력(구매력)을 필요로 하는 개념이다.

③ 지역분석이란 대상 부동산이 어떤 지역에 속하며, 그 지역특성이 무엇이며, 전반적으로 그 특성이 지역 내 부동산가치형성에 어떠한 영향을 미치는가를 분석하는 것이다.

④ 해당 지역 내 부동산의 표준적 이용과 가격수준 파악을 위해 지역분석이 필요하다.

⑤ 지역분석이 일반적으로 개별분석보다 선행한다.

체크 Plus★

① 가치발생요인인 효용, 유효수요, 상대적 희소성, 이전성이라는 가격발생요인들이 상호작용하여 가치는 발생한다.

정답 I   35 ④   36 ①

37 부동산가격의 제원칙에 대한 내용이다. 틀린 것은?

① 변동의 원칙은 감정평가 시 기준시점과 관련이 있다.

② 대체의 원칙에서 대체관계가 성립되기 위해서는 부동산 상호간 또는 부동산과 일반재화 상호간에 용도, 효용, 가격 등이 동일성 또는 유사성이 있어야 한다.

③ 적합의 원칙은 부동산의 입지와 인근환경의 영향을 고려한다.

④ 기여의 원칙은 부동산의 각 구성요소가 각각 기여하여 부동산전체의 가치가 형성된다는 원칙이다.

⑤ 내부적 관계의 원칙인 적합의 원칙과는 대조적인 의미로, 균형의 원칙은 부동산 구성요소의 결합에 따른 최유효이용을 강조하는 것이다.

38 감정평가의 대상이 되는 부동산과 거래사례부동산의 개별요인 항목별 비교내용이 다음과 같은 경우 상승식으로 산정한 개별요인의 비교치는? (단, 주어진 조건에 한하며, 결과값은 소수점 여섯째 자리 이하는 절사함)

- 가로의 폭·구조 등의 상태에서 대상 부동산이 5% 우세함
- 고객의 유동성과의 적합성에서 대상 부동산이 2% 열세함
- 형상 및 고저는 동일함
- 행정상의 규제정도에서 대상 부동산이 3% 우세함

① 1.05564   ② 1.05987

③ 1.06773   ④ 1.07977

⑤ 1.08387

39 다음과 같은 조건에서 수익환원법에 의해 평가한 대상 부동산의 가치는? (단, 천원 이하는 절사함)

- 유효총소득(EGI) : 24,000,000원
- 영업경비(OE) : 4,000,000원
- 토지가액 : 건물가액=40% : 60%
- 토지 환원율 : 3%
- 건물 환원율 : 5%

---

① 476,190,000원
② 574,000,000원
③ 665,000,000원
④ 774,000,000원
⑤ 875,000,000원

체크 Plus★★★

- 수익가액=$\dfrac{⊙ \ 순영업소득}{ⓛ \ 환원율}$

- ⊙ 순영업소득=유효총소득−영업경비
  =24,000,000원−4,000,000원=20,000,000원
  (순영업소득)

- ⓛ 물리적 투자결합법에 따른 환원율은 다음과 같다.
  (토지 가격비×토지 환원율)+(건물 가격비×건물 환원율)=(0.4×3%)+(0.6×5%)=1.2%+3%
  =4.2%

∴ 수익가액=$\dfrac{순영업소득}{환원율}$=$\dfrac{20,000,000원}{0.042}$
=476,190,476원

40 감정평가법인 등이 감정평가에 관한 규칙에 의거하여 공시지가기준법으로 토지를 감정 평가하는 경우 필요 항목을 순서대로 나열한 것은?

⊙ 비교표준시 선정	ⓛ 감가수정
© 사정보정	@ 시점수정
◎ 지역요인 비교	⊎ 개별요인 비교
⊗ 면적요인 비교	◉ 그 밖의 요인보정

① ⊙−ⓛ−©−@−◎
② ⊙−◎−⊎−⊗−◉
③ ⊙−@−◎−⊎−◉
④ ⊙−@−◎−⊎−⊗
⑤ ⊙−ⓛ−@−©−◉

체크 Plus★★

⊙ 비교표준시 선정, @ 시점수정, ◎ 지역요인 비교, ⊎ 개별요인 비교, ◉ 그 밖의 요인보정 순이다. ⓛ 감가수정, © 사정보정, ⊗ 면적요인 비교는 행하지 않는다.

정답 | 39 ①   40 ③